栾青 芷蕙——著

有故事的中国成语

中国成语

下册

天津出版传媒集团

天津人民出版社

子篇

数字一的成语

一饭千金

什么样的饭食，才能如此贵重？

成语 一饭千金

含义 比喻深厚地报答对自己有恩的人。

智慧热身

小朋友，通过"一字千金"的故事，我们已经知道"千金"经常被用来形容事物的贵重。那么"一饭千金"又是什么意思呢？是不是形容厨师做的饭非常好吃，得花好多钱来买？如果你真的这样猜，那么恭喜你，猜错啦。因为这个成语故事里的主人公，穷得连饭都快吃不上了，更别提买什么贵到离谱的饭了。

成语故事

秦末汉初，韩信早年过着衣食无着、家徒四壁的贫困生活。可是，他不管走到哪里，总带着一把剑，时刻提醒自己，不能因为生活落魄就忘记了远大志向。

有一次，韩信一连几个月寄食在一个亭长家。亭长是一个小职位，算是古代的小公务员吧。亭长的妻子很看不惯韩信，她也不明说，只是提前把饭做好，然后吃完。到了吃饭时间，韩信去了，发现亭长家没有为他准备食物，他立刻明白了其中的用意，于是他一怒而去。

韩信到淮阴城下的河边钓鱼吃，也仅能果腹而已，有时运气不好，就只能饿肚子了。

河边有一些妇女，靠给有钱人家洗衣服为生，日子也不好过。其中一位老大娘注意到了韩信，看他饥一顿饱一顿的，很可怜他，就一连好多天，把自己的饭食分给他吃。

韩信感激地说："谢谢您！我以后一定重重报答您！"

老大娘却很生气："身为大丈夫，不能实现自己的抱负，我可怜你现在的处境，愿意帮助你，难道是为了让你报答我吗？"

韩信听了既感动又震撼，老大娘这样贫苦的劳动人民竟然比以前他寄食的主人更能理解他，而且真心为善，对人毫无所求。

淮阴城里有个屠户，靠宰杀动物为业。屠户见韩信穷得常常

饿肚子还要带着剑，觉得很不顺眼，就想挑衅一下。他当众侮辱韩信说："别看你长得高大，还带刀佩剑的，其实就是个胆小鬼！你要不怕死，就拿剑刺我呀，如果怕死，就从我胯下爬过去！"

韩信看着他挑眉弄眼的表情，仔细打量了他一番，心想：跟这么个人打架真犯不着，要是打坏了他，还得惹官司，我还有更重要的事情做呢。于是他低下身去，趴在地上，从屠户胯下爬了过去。满街围观的人都笑话韩信，以为他是个懦夫。

后来韩信历经波折，终于成就了一番功业。他被拜为大将，充分发挥了自己的军事才能，为西汉立下汗马功劳。功成名就后的韩信，找到了老大娘、亭长和屠户三人。

他对老大娘谢了又谢，送给她一千金作为报答。

谢谢您对我的帮助！

他对亭长说："你做善事可做得不彻底啊。"随后用一百钱

打发他走了。

至于那个屠户，韩信指着他对部下说："这就是那个让我忍受胯下之辱的人，他侮辱我的时候，难道我没能力杀了他吗？那时杀了他也没什么好处，反倒耽误了大事，忍下来才有了今天的成就。"他不计前嫌，封屠户做了军官。

韩信对老大娘知恩图报，对屠户宽宏大量，军士们见了，都欣赏和佩服他的为人。

头脑风暴

小朋友，故事讲完了，我们来做个头脑风暴吧——什么样的饭食，才能如此贵重，价值千金？

不是食材有多名贵，食物有多美味，而是其中包含着雪中送炭并不求回报的善意，就像老大娘，她深切同情韩信的遭遇，在自己也不富裕的情况下，仍然愿意无私相助，这样的品质最可贵。

另外啊，这个故事里，其实隐藏了三个成语：一饭千金，为德不卒，胯下之辱。这些成语说的是韩信和谁的故事，你能把他们对号入座吗？

一鼓作气

击战鼓的背后，有什么大学问？

成语 一鼓作气

含义 比喻做事时，要趁着趁着劲头大的时候抓紧做，一下子把事情完成。

智慧热身

小朋友，你知道古代打仗时要击鼓吗？

这里说的鼓，并不是那种摇滚乐队里常见的金属感很浓的架子鼓，而是鼓皮用动物皮做的、声音更厚重的皮鼓。

打仗时击鼓做什么呢？一般用来发号施令。士兵们听了自家军队特殊的鼓声，知道战斗在按计划进行，人心振奋，有利于打一场好仗。

接下来要讲的故事就跟击鼓有关，听完你会发现，军事上的击鼓是非常有讲究的。

成语故事

　　春秋时期，周天子的势力已经减弱，诸侯国先后争霸，常常通过战争来加强自己的实力。这个故事就发生在战争的背景下，对阵的双方是齐国和鲁国。

　　公元前 684 年，齐国攻打鲁国。鲁国国君鲁庄公准备去应战，但是他心里并没什么把握，不知道怎么能打赢。这时侍卫来报，说有个叫曹刿的人请求拜见。庄公从没听说过曹刿，但是想想大战在即敢来求见，此人一定见识不小。

　　没错，曹刿虽然只是一介草民，却很有想法。当他说要去帮助鲁国抗齐的时候，他的同乡笑话他："人家做官的人才管这种事儿，你跟着操什么心呢？"曹刿说："那些有权势的人虽然高官厚禄，却未必能深谋远虑。"后来，他就很自信地去见鲁庄公了。

　　曹刿先像记者一样采访了鲁庄公。他问："您是个什么样的君主？您去应战，士兵们肯替您这样的君主卖命吗？"

　　庄公答："我平时不敢独享锦衣玉食，一定会分一些给臣子。"

　　曹刿问："普通将士不过都是平头百姓，老百姓并没有享受到您说的这些好处。还有别的吗？"

　　庄公答："平时祭祀的时候，那些用来祭祀的物品，我从来不敢虚报，一定一五一十地告诉神。"

　　曹刿问："这点儿小诚意，神不会赐福的。还有吗？"

　　庄公答："对待那些轻重不同的案件，我即使不善于明察详审，也一定依据实情处理，还老百姓一个公道。"

　　曹刿说："这算是您尽了本职，就凭这一条老百姓会领情的，说明有民心在，有希望打胜仗。打仗的时候，请允许我跟着您去。"

　　庄公从未听过有人这样与他对话，他身边的大臣确实没有曹刿这样的见识。庄公很赏识曹刿，同曹刿共坐一辆战车，以便随时听取他的意见。

　　两国的军队在长勺作战，历史上称这次战争为"长勺之战"。一开始，庄公打算击鼓传令进军。曹刿摆手说："不行，时机未到。"他让鼓手待命。对面的齐国军队按捺不住，开始击鼓了，鲁国没有动。齐国又击鼓了，鲁国还没有动。一直等到齐国军队第三次击鼓。曹刿说："现在我们可以击鼓进攻了。"鲁国的军队早就蓄势待发，一声令下，将士们都英勇上前，齐国的军队大败，四散溃逃。

庄公准备驱车追去。曹刿说："不行，我需要先看看。"他探头观察齐军车轮留下的痕迹，又登上车前瞭望齐军后，才说："可以追了。"这时鲁军才开始追击齐国军队，最终打了个漂亮的胜仗。

故事讲完了，你的小脑袋里现在一定有很多问题。第一个跳出来的可能是，为什么曹刿要等齐军击鼓三次才下令进攻呀？是啊，鲁庄公也很好奇地问了这个问题，曹刿回答说："作战是靠士气的。第一次击鼓，士气大振，第二次击鼓，士气就大不如前了，到了第三次击鼓，士气就快没有了。齐军三次击鼓后，他们的士气已经奄奄一息，而我军才第一次击鼓，士气正旺，所以战胜了他们。"这里曹刿说的第一次击鼓，就是"一鼓作气"的由来，我们后来用它形容要趁着劲头大的时候抓紧做，一下子把事情完成。

头脑风暴

小朋友，故事讲完了，我们来做个头脑风暴吧——击战鼓的背后，有什么大学问？

齐军大败后，曹刿没有立刻去追齐军，你觉得是为什么呢？

曹刿说："对大国力量的强弱不能轻易下判断，万一他们有伏兵就麻烦了。我观察到他们的车轮痕迹很混乱，望见他们的旗子也倒下了，说明不是有准备、有目的的逃跑，这时才敢去追击。"

看来一鼓作气的背后，是小心谨慎和深谋远虑啊。怎么样？你同意曹刿的看法吗？

一日千里

"马车司机" 怎么成了大功臣？

成 语 一日千里

含 义 意指马跑得很快，一天能跑一千里。后比喻进展极快。

智慧热身

在现代社会，开着汽车走在高速公路上，就算是以最低限速每小时 60 千米行驶，也很容易实现一日千里。但是在古代，可以选择的最快交通工具也不过是马车，不仅马儿不那么好驾驭，路面也可能崎岖不平。

小朋友，你能想象在那种情况下，怎么做到一日千里吗？

成语故事

西周初年，有个人叫造父，他很善于御马，无论什么样的烈马，

到了他手里，都能变得十分驯服。

造父因为高超的御马技术声名远播，都传到国王的耳朵里了。国王周穆王正需要这样的人才，因为他非常喜欢坐马车到各地去游历。他派人把造父召到都城镐京，让造父做了自己的专用马车司机。

造父果然没让穆王失望，他不仅马车驾得好，还凭借对马的鉴赏力先后为穆王物色到八匹好马。穆王得了好马，非常高兴，为这些马取名叫八骏，让造父把八骏装配在一辆马车上，他准备乘着八骏马车到遥远的西方去。

在一个阳光灿烂的日子，穆王带着少数侍从，坐着由造父驾驭的八骏马车出发了。造父虽然是第一次随驾远游，却没有丝毫忙乱。一开始，他平举双臂勒着缰绳，让马儿以从容的步伐向前行进；行了一程，只见他猛地一松缰绳，口里发出一声轻呼，八骏马便欢快地奔跑起来。穆王坐在车上举目四顾，看着两旁的田野和村庄飞快地向后退去，卫士的马队被远远抛在后面，满意地笑了起来。

造父驾着八骏，载着穆王，一直不停地向前奔跑。跑啊跑啊，他们穿过了漫长深邃的古道，驰过了荒无人烟的大漠，最后来到了昆仑山下、赤水之滨，一个叫西王母国的地方。

西王母国建在一片绿洲之中，那里风和日暖，四季如春，田野里遍是鲜花，树林中处处鸟鸣，金碧辉煌的宫殿倒映在清澈见底的池水中，仿佛仙境一般。年轻美丽的西王母热情地接待了这位远道而来的贵宾，不但盛宴款待穆王，还亲自陪着穆王浏览国

内的名胜古迹。

日子就这样流水般地逝去，不觉已经一个多月了。沉浸在欢乐中的周穆王，几乎已经忘了他远在东方的国家。忠心耿耿的造父，看到穆王这样流连忘返，焦急万分。他多次劝穆王早日动身回国，穆王却不舍得答应。

一天傍晚，穆王正和西王母在一起纳凉闲坐，凭栏远眺，忽然看见造父带着一个满头大汗的武士闯进来。武士拜见穆王以后，呈上一道密封的文书。穆王打开一看，大吃一惊。原来文书上说诸侯徐国的徐偃王知道天子久离镐京，乘机起兵造反，中原地区形势危急，请求穆王尽快回去。

这个惊雷一样的消息，把穆王从欢乐的迷梦中震醒了。时间刻不容缓，必须赶快动身。他一面把文书递给西王母观看，一面命令造父赶快备车，立即启程东归。转眼之间，卫士们都已装束停当。造父举起鞭来猛力一抽，那八匹骏马顿时撒开四蹄狂奔起来。

快！快！越快越好！造父施展开全身本领，驾着八骏，以一日千里的速度，神不知鬼不觉地回到了镐京。形势多危险啊！徐偃王的大军已经集合在离都城不远的地方，准备向镐京发起猛烈的进攻。幸亏穆王日夜兼程地赶了回来，才使局面没有发展到不可收拾的地步。

后来，穆王联合诸侯国楚国的力量大败了徐偃王的军队。论功行赏时，穆王把赵城赐给了造父，来表彰他以一日千里的速度为国家赢得了战机。

头脑风暴

小朋友，故事讲完了，我们来做个头脑风暴吧——"马车司机"怎么成了大功臣？

造父得到了穆王的一座城，仅仅是因为他的御马术高超吗？不用说，造父跟马儿的沟通确实很厉害，反正一般人没有那样的本领。更难得的是，他对穆王十分忠诚。在穆王乐不思蜀时，他替穆王操心回国的事，在收到紧急文书得知徐偃王造反时，他更是急王之所急，想王之所想。

对穆王来说，造父的忠心与御马术一样可贵呐。

一字千金

世上真有这么贵的字?

成语 一字千金

含义 增损一字，可赏千金。形容一篇文章写得出色，字字珠玑，价值奇高。

智慧热身

小朋友，如果让你来夸一篇文章写得好，你会怎么夸呢?

有一个叫钟嵘的人是这么夸的，他在《诗品》里写道："文温以丽，意悲而远，惊心动魄，可谓几乎一字千金。"意思是这些文章真好啊，好到每个字都价值千金。

啧啧，一字千金，这么高的评价，看来钟嵘对那些文章是真爱无疑了。不过，一字千金仅仅是夸张的修辞吗? 接下来的故事会带你找到答案。

成语故事

战国末期，有个人叫吕不韦，他很有经商头脑，早年迅速积累了财富，成了一个大商人。

有一年，吕不韦去赵国经商，偶然结识了嬴异人。嬴异人是秦国的王孙，王孙就是诸侯国国君的孙子。不过嬴异人可不是个得意的王孙，因为他的祖父，也就是秦国国君并不喜欢他，而且秦国有二十多个王孙，他只是其中一个。

那时，诸侯国之间有个互相取得信任的通行做法，就是互送政治人质到对方的国家。什么样的人适合做人质呢？首先要身份尊贵，不然显得没有诚意，但是这个人又不能太重要，万一两国关系不好了，人质的生活就堪忧了。

当时秦国正好需要一个到赵国去的人质，嬴异人正是不二人选，于是他就被送到了赵国。嬴异人的运气不太好，到了赵国后，秦赵两国关系恶化，不时发生战争，嬴异人也倍受冷遇，生活困窘。吕不韦就是在这个时候认识了他。

凭借商人的直觉，吕不韦认定嬴异人是个难得的人物，奇货可居，于是为他改名为子楚，出钱资助他，并把自己的歌姬赵姬送给他为妻。在吕不韦的帮助下，子楚时来运转，步步为营，最终当上了秦国的国君，后人称秦庄襄王。吕不韦也因为功劳巨大被封为文信侯，官居相国。

秦庄襄王在位仅三年就病死了，他的儿子嬴政继承了王位。没错，嬴政就是历史上有名的秦始皇，不过他即位时年仅十三岁，锋芒还没显露。嬴政是赵姬生的孩子，还记得赵姬曾经是吕不韦的歌姬吗？嬴政跟吕不韦本来关系就很好，此时更是尊称吕不韦为仲父。国君年幼，行政大权很自然地落在了吕不韦手中。

那时的上层社会，养士之风盛行。养士也叫养门客，就是名门望族为那些有特殊本领和才能的人提供衣食住行，以便在遇到重大问题时让他们为自己出谋划策。吕不韦也开始四处招贤纳士，给予门客优厚的待遇，一时间，手下门客达到三千人之多。

一天，吕不韦召集门客智囊团，征询对于如何提高声望的意见。几个门客发表了意见，吕不韦听后都不太满意。最后有门客发言说，众所周知，孔子的学问很好，那是因为他写了部叫《春秋》的书；孙武能当上吴国的大将，是因为吴王看了他写的《孙子兵法》。我们为什么不能写部书，既能扬名当世，又能垂范后代呢？

听到这个办法后，吕不韦拍案叫绝，立刻命令门客组织人员撰写。这些门客中，三教九流，应有尽有，他们把各自的所见所闻、见解心得都写出来，汇集在一起，成了一部二十余万言的巨著。他们认为这部书包罗天地万物和古往今来之事，所以起名为《吕氏春秋》。

吕不韦命人把《吕氏春秋》全文抄出，贴在秦国首都咸阳的城门上，并发出布告：谁能把书中的文字增加、减少一个，或者改动一个，就赏赐千金。布告贴出许久，谁也不敢得罪吕不韦，没有一个人前来讨赏。吕不韦因此名扬天下，《吕氏春秋》也成

了秦国后来统一全国的经典，到现在我们还可以读到这部书呢。

后来的人，根据吕不韦的这个故事，引申出"一字千金"的成语，用来形容一篇文章无可挑剔，价值很高。

头脑风暴

小朋友，故事讲完了，我们来做个头脑风暴吧——世上真有这么贵的字？

确实，吕不韦就曾经给《吕氏春秋》里的字标价千金嘛。不过，千金是一千两黄金吗？

其实那时候的金多指黄铜。一金是一镒，镒是古代的重量单位，合二十两（也有说二十四两），所以，千金大约是两万两黄铜，而并非千两黄金。虽然是铜，依然是那时的通用货币，两万两铜钱也还是好大一笔钱呢。

成语游戏

爱站第一的排头兵

"一"不大，我们数数，都从"一"开始。"一"也很好写，不短不长，用笔画上一横，就轻轻松松写成啦。可小朋友你知道吗，"一"看起来简单，骨子里却是深藏不露的高手。在古代，"一"既指天地没有分开时的混沌之气，也代表万物的本源"道"。"道生一，一生二，二生三，三生万物"。哈哈，是不是特别深奥啊？

数字们列队时，"一"是个积极分子，总爱站在最前面，当个排头兵。这不，大家在玩组成语的游戏，每个成语中，"一"都排在了最前面，另外一个数字排在了后面。请你帮忙把成语填写完整吧。

一			鸟
一			白
一			断
一			雕

一			鼎
一			寒
一			解
一			应
一			金
一			丈

数字二的成语

二桃杀三士

争桃子，为何还争出个你死我活？

成语 二桃杀三士

含义 表示用计谋借刀杀人。

智慧热身

二桃杀三士，顾名思义，是两个桃子杀了三个士。

那么，这两个桃子，一定是很厉害的桃子吧！是两个有毒的桃子？藏着匕首的桃子？还是施了魔咒的桃子？哈哈，都不是。

其实，它们就是普通的桃子，但是，却被人为借用，引发了一个古代政治权谋的经典故事，比毒药、匕首、魔咒都厉害得多呢。这个故事，就记载在《晏子春秋》里。

成语故事

　　春秋时期，齐国有三位著名的贵族武士：公孙接、田开疆和古冶子。这三人武艺高强，彼此称兄道弟，颇有些势力，因此也都非常骄横，不把别的官员放在眼里，甚至对三代老臣、当朝相国晏子也不太尊敬。

　　晏子心想：这些莽夫如此傲慢，无视礼仪伦法，势力还越来越大，将来要是弄出什么祸乱就不好了。晏子就去拜见国君齐景公，把担心的事说了，并且建议景公除掉他们，至少挫挫他们的锐气。

　　景公觉得晏子的话有道理，但是又有些爱才舍不得，就推说这三人勇猛非常，哪里那么轻易能除掉。晏子却早有了主意，他对景公说了自己的计划，景公就依言去宣三位猛将，说要赏赐他们。

　　三人听说国君有赏，都兴冲冲地赶来，看见景公派来的人端着一个华丽的果盘，盘子里是两个熟透的大桃，阵阵桃香诱人。三个勇士有点纳闷，两个桃要怎么赏我们三个？

　　"国君特别喜欢吃这种桃子，特地叫人从南方找来了桃树在后花园培育。这是第一次结果，国君想请你们尝尝。三位都是国家栋梁，可是现在熟透的只有两个"晏子一副很为难的样子，"那就请将军们根据功劳大小，来定谁可以吃桃吧。"

　　公孙接听了，立刻接话道："晏子果然聪明啊，人多桃少，何不按功劳分呢，如果谁不要桃子倒显得无勇呢。想当年我一人

在深山密林中先杀野猪，再搏猛虎，论起功劳来，我不配桃子谁还能配桃子？"话音未落，他就上前取了一个桃子吃起来。

田开疆也不甘示弱："我曾两次领兵作战，击败敌军，单论军功，还不配享受一个桃子吗？"他自信地上前取过第二个桃子吃起来。

古冶子一看转眼之间桃子就没了，顿时怒火中烧："你们还没听过我的功劳呢！我当年保护国君过黄河，河里突然冒出一只大鳖，一口将给国君拉车的一匹马咬住并拖了下去，我立刻潜水追鳖，逆流游了百步，顺流游出了九里，终于追上它一顿好杀。最后我跃出水面，一手握着割下来的鳖头，一手拉着马尾，当时河岸上的人都吓呆了，以为是河神显圣呢！我这样的功劳，配个桃子绰绰有余了。你们俩比得过我吗？！"他越说越气愤，霍地起身拔出自己的宝剑。

没了？

我战绩显赫
应该吃一个

公孙接和田开疆听了，不由满脸羞愧："论勇猛，我们比不上古冶子在水中杀鳖；论功劳，我们也比不上他护卫国君的安全。居然没把桃子让给这个功劳更大的人，还觍颜自夸，我们太贪婪无耻了。做了这种令人羞耻的事，真是枉称贵族士人！"两个自视甚高的人此时顿觉无颜再活在世上，于是拔出宝剑相继自刎。

古冶子看到倒在血泊中的两具尸体，大惊之余，也痛悔不已："我们本来是朋友，就为了两个桃子，他们竟然死了！都是因为我吹捧自己，羞辱朋友，我太不仁义了！他们俩为了士人的荣誉而死，我也不能独活！"于是他也自刎而死。就这样，两个桃子杀掉了三位勇士。

景公派去的人回去复命说："他们三个人都死了。"景公听后也不免唏嘘，嘱咐手下人按照士人的礼节埋葬了他们。

晏子略使计谋杀掉了三位武将，这就是"二桃杀三士"的历史故事。

头脑风暴

小朋友，故事讲完了，我们来做个头脑风暴吧——争桃子，为何还争出个你死我活？

我们现在知道了，二桃杀三士，不是桃子有多厉害，而是晏子借"桃"杀人。对此，后人对晏子的评价褒贬不一：有人认为他善于了解人的性格，计谋过人，兵不血刃地为国家除掉了政治

隐患；也有人认为他不过是公报私仇，手段太毒辣。

那么，三武士为什么会自杀呢？有人认为他们为了心中的仁义标准，不惜牺牲生命，这是一种很高贵的精神；也有人认为他们空有匹夫之勇，中了晏子的圈套而不自知。

小朋友，你怎么看待这个故事里的人物呢？

国士无双

韩信是怎么实现理想的？

成 语 国士无双

含 义 指一个国家独一无二的人才。

智慧热身

小朋友，你还记得"士"是什么人吗？

士阶层是古代社会中具有一定身份地位的特定社会阶层。在先秦，即春秋战国时期，士阶层是低一级的贵族，属于统治阶级的下层，他们的地位比平民高。

下面这个故事里的主人公，就是一位很了不起的士。

成语故事

那个淮阴城的韩信，那个身佩宝剑的韩信，他有一个理想：成为一位名士。

为此，在那些胸怀抱负却无处施展的日子里，他曾经寄食在别家，屡遭白眼，曾经靠着好心老大娘的帮助才勉强不饿肚子，还曾经被市井屠夫侮辱而从对方胯下钻了过去。不过这一切对韩信来说算不得什么，大丈夫能屈能伸，他可以忍受一时的不堪，静待时机。

当时正值秦朝末年，秦的暴政引发了农民起义，社会动荡不安。项羽和刘邦先后起兵造反，成为起义军中最大的两股力量。韩信起先加入了项羽的军队，但一直没有得到重用，后来转而投奔刘邦的汉军。

有一次，韩信违反了军纪，按规定应当斩首。临刑时，他看见了汉将夏侯婴，就昂首问道："难道汉王不想得到天下吗，为什么要斩杀壮士？"

夏侯婴吃了一惊，一个死刑犯居然还能有如此气魄！他仔细端详了韩信一番，见韩信相貌威武，气度绝非常人，就下令释放了韩信，并将韩信推荐给刘邦。但刘邦并不了解韩信，只封他做了个小官。

韩信没有气馁，又去寻找机会。他与汉军丞相萧何交谈，几番长谈过后，萧何发现韩信说话简明扼要，一语中的，愈加赏识他，多次向刘邦推荐他做大将军，却始终没有得到回音。

韩信深感怀才不遇，在一个月夜离开汉营，准备另投明主。萧何闻讯，赶忙策马去追，生怕丢了韩信这个良才。

刘邦听说萧何夜里出奔，以为萧何要离开自己，十分惊恐，感觉就像失去左右手一样。等萧何回来，刘邦才知道他是去追韩信，

于是问："那么多人都离开过，你不追，怎么单单追韩信？"

萧何说："其他人都随手可得，唯有韩信是国士无双！大王您如果要争夺天下，一定要重用韩信啊！"

刘邦十分倚重萧何，见萧何对韩信的评价如此之高，也就对韩信另眼相看。他选了一个良辰吉日，举行隆重的仪式，任命韩信当了大将军。

拜将仪式结束，刘邦请韩信上坐，问他有什么良策可献。韩信为刘邦分析了天下形势、项羽的性格，以及该如何打败项羽。刘邦听后大喜，表示相见恨晚，立刻采纳韩信的建议，部署兵力。

韩信领兵先后攻下了魏国、代国，之后继续进军，以三万精兵击败号称二十万人的赵军，这就是历史上有名的背水一战。紧接着，韩信派人出使燕国，成功游说燕王归附汉王。随后他又攻

下了齐国，简直战无不胜。在很短的时间内，韩信几乎统一了北方，为刘邦日后统一天下奠定了极为重要的基础。由于韩信用兵精妙，出神入化，后人称他为"兵仙"。

萧何用"国士无双"来形容韩信，国士无双，就是指国家独一无二的人才。韩信发挥他非凡的军事才能，为西汉立下了汗马功劳，可以说，没有韩信，就没有刘邦的天下。所以"国士无双"四个字韩信绝对当得起。

头脑风暴

小朋友，故事讲完了，我们来做个头脑风暴吧——韩信有什么样的品质，才可以最终实现理想？

韩信在落魄时始终坚持自己的理想，即使到了忍饥挨饿的地步也不屈就。他有着强大的心理素质，甚至在临刑前都看起来镇定自若。韩信当时害怕吗？我觉得他也害怕，但是他并没有因为害怕就坐以待毙，而是抓住了那一线机会。韩信也很会展示自己的才能，不论是在萧何面前，还是在刘邦面前。当然这一切源于韩信长久以来的准备，他坚定地认为自己可以成为一名定国安邦的士，并用这个标准来要求自己，最终他做到了。

两袖清风

是随波逐流，还是坚持做自己？

成 **语** 两袖清风

含 **义** 意为两袖中除清风外，什么也没有。比喻做官廉洁，

严于律己，不贪赃枉法。

智慧热身

　　说起"送礼"，现代人大多想到的是，在特殊日子里，比如生日、节日、纪念日，亲朋好友之间互赠礼物来表达感情。

　　在中国历史上，权力集中在少数人的手中。给权力至高无上的皇帝送礼可以光明正大的叫进贡，如果给高官送礼，同时想借此为自己谋私利，就称为贿赂。官场上的送礼可不是什么好的做派。不过，历史上也不乏为官清廉、拒绝收受贿赂的官员，他们为民办事，严于律己，就像清风一样品格高洁。今天这个故事，讲的就是这样一股清风——于谦。

成语故事

　　于谦是明朝人，他在少年时就刻苦读书，志向高远。

　　古代读书人参加科举考试，考中了就会走上仕途。还记得"黄粱一梦"里讲的卢生吧，他虽然是在做梦，但是梦境完全依照现实情景展开，经历了科考、做官。于谦也一样，考中进士后，他先后担任过很多职位。

　　在于谦生活的时代，朝政腐败，贪污成风，贿赂公行。当时各地官员进京朝见皇帝，都要带上礼品献给朝中权贵，以期他们在皇帝面前美言几句，让自己仕途顺利。

　　那是明朝正统年间，宦官王振掌权，他作威作福，肆无忌惮地招权纳贿。进见王振的人，必须献白银百两。如果能献白银千两，才能得到酒食款待。各地官员都争相献礼，只有于谦为人正直，公事公办。他身为山西河南巡抚，每次进京奏事，从不带任何礼品。有的官员劝他说："你虽然不献金银、攀求权贵，至少该带一些著名的土特产，你管辖的那些地方不是盛产线香、蘑菇、手帕之类的东西嘛，也带来送送人情呀！"于谦听后，笑着举起两袖，风趣地说："瞧，我带了清风！"为此，他还特意写了一首《入京诗》：

　　　　绢帕蘑菇与线香，

　　　　本资民用反为殃。

清风两袖朝天去，

免得闾阎话短长。

这首诗的意思是说，绢帕、蘑菇、线香这些东西本是供人民用的，可是因为贪官污吏的搜刮，它们反而给人民带来了灾难。所以我什么也不带，只带两袖清风去朝见天子，免得引起百姓不满。

古代官服衣袖宽大，人们把财物笼在袖中。闾阎是里弄、胡同的意思，在这里引申为老百姓。这首诗嘲讽了送礼行贿的歪风，表现了于谦为官清廉、不愿同流合污的风骨。诗里的"两袖清风"后来就作为成语流传下来，比喻为官清廉。

不过，于谦因此遭到王振的忌恨。王振指使人给于谦罗织罪名。于谦被判处了死刑，在监狱中关押三个月后就要问斩。老百姓听说后群情共愤，联名上书为于谦喊冤。王振一看舆论都倒向于谦，也无法，只得给自己找个台阶下，说其实是有个跟于谦同名的人犯了罪，官府抓错了人。于谦这才被放了出来，降职到别的地方。山西、河南的老百姓仍旧伏在宫门前上书，请求于谦留任，于谦

得以官复原职。他前后当了二十年巡抚，为老百姓做了很多好事。

于谦后来被调到京城。在"土木堡之变"明英宗被俘之后，他率领明军迎战蒙古瓦剌首领也先所率的大军，打赢了京师保卫战。于谦也因此成了民族英雄。

可悲的是，由于奸臣的诬陷，于谦最终还是被处死了，死前被抄家时，家无余财，足见他的清廉。于谦死后几年，诬陷他的坏人露出了狐狸尾巴，皇帝才知道了真相，于谦终于沉冤得雪《明史》称赞他："忠心义烈，与日月争光。"

于谦不仅是清官和民族英雄，还是一位诗人，他的诗作慷慨悲凉。很多小朋友都知道他的那首《石灰吟》吧，"粉身碎骨浑不怕，要留清白在人间"，这也正是于谦人格的写照。

● 头脑风暴 ●

小朋友，故事讲完了，我们来做个头脑风暴吧——是随波逐流，还是坚持做自己？

南宋一位有名的忠臣岳飞，也是忠心报国却蒙冤屈死。有人说这跟忠臣宁为玉碎、不为瓦全的刚直性格有关，你觉得呢？在当时贿赂成风的官场，出淤泥而不染可能遭到排斥和打压，随波逐流又有悖于做人的原则，如果你是于谦，你会做出什么样的人生选择呢？

一箭双雕

神射手缘何这么神？

成语 一箭双雕

含义 原指射箭技术高超，后比喻做一件事同时达到两个目的。

智慧热身

小朋友，你玩儿过弓箭吗？

古时候的孩子，上学要学六大门课，叫六艺，分别是礼、乐、射、御、书、数，其中的"射"就是射箭。你瞧，射箭还是一门必修课呢，学生们会找出足够的时间去练习这门技术。因此，我们在古书的记载里颇能看见几个神射手，比如有个人叫养由基，以后讲百步穿杨的故事时会讲到他。今天我们要讲另外一位厉害的射手，他的名字叫长孙晟。

成语故事

　　南北朝时期的北周，有一个神射手叫长孙晟。当然，长孙晟不是一出生就是神射手，据说，他小时候长得非常瘦弱，很多人都认为他活不到成年。长孙晟的母亲却不这么认为，她觉得自己的儿子不但能健康长大，还会有很大的出息。

　　为了让长孙晟的身体强壮起来，母亲在他小时候，就经常让他到山上去砍柴。不少乡邻对这种做法表示异议。可是，长孙晟的母亲却坚持锻炼他。等长孙晟八岁的时候，他已经比同龄的男孩强壮了，最突出的是他臂力惊人，能搬起一块连大人都搬不动的石头。长孙晟尤其喜爱射箭，每次上山砍柴，都会打一些野鸟带回去。经过日积月累的练习，长孙晟练就了百发百中的射箭技艺。

　　母亲不仅注意增强长孙晟的体质，而且从小就让他看兵书，希望他长大后成为一个能征善战的大将军。长孙晟也很争气，没有让母亲失望，经过多年的勤学苦练，终于成了北周的将军。

　　当时西北有一个少数民族叫突厥族，他们的可汗，也就是突厥王，来北周求婚。北周宣帝决定把公主嫁给可汗，以维持两国的友好关系。突厥人来北周迎娶公主，带来很多骁勇的武士，以炫耀他们的国力。北周也派出很多勇士，双方进行比武。在比武环节，长孙晟一个人打倒了三名突厥勇士。在比试箭术时，长孙晟的箭艺更是让突厥人惊叹不已，对他赞赏有加。

不久后，北周要派人护送公主前往突厥。在考虑人选的时候，周宣帝一下子就想到了长孙晟。宣帝对长孙晟说："你武艺高超，就派你去吧，由你担任护将，我也放心啊。"

就这样，长孙晟护送公主，一路上历经千辛万苦，终于到了突厥。突厥可汗本来就很敬重长孙晟，一见他到来，非常高兴，于是大摆酒宴，宴请长孙晟。酒过三巡，按照当地的习惯要比武助兴。可汗说："你以箭术闻名于世，今天到我们突厥来，就露一手吧。"

突厥可汗命人拿来一张硬弓，要长孙晟射百步以外的铜线。只见长孙晟搭好箭，硬弓被拉成弯月，箭"嗖"的一声射进了铜钱的小方孔，引得大家齐声喝彩。可汗看到如此高超的箭艺，愈加佩服长孙晟，一连敬了他三大碗酒。酒后，可汗请求长孙晟在突厥常住一段时间，盛情难却，长孙晟就答应了。

在突厥的一年中，可汗经常让长孙晟陪着自己去打猎。有一次，可汗看见天空中有两只大雕在争夺一块肉。他忙递给长孙晟两支箭说："你能把这两只雕射下来吗？"

雕是一种凶猛的大鸟，飞行速度快，非常难射。长孙晟不慌不忙地说："我试试看，也许一支就够了。"他接过箭，策马驰去。这时，两只大雕正厮打得难舍难分。长孙晟搭上箭，拉开弓，找准角度"嗖"的射出一箭，两只大雕竟串在一起掉落下来。

在场的人顿时欢呼起来，连声称赞道："将军一箭双雕，真不愧是神射手啊！"是啊，一箭双雕需要精确的角度和速度判断，确实非常难。自此，长孙晟神射手的名声在突厥也传扬开来。

这就是"一箭双雕"的故事，人们后来常用它来比喻做一件事情能达到两个目的，一举两得。

头脑风暴

小朋友，故事讲完了，我们来做个头脑风暴吧——神射手缘何这么神？

长孙晟能有这样神妙的射箭技术，得益于什么呢？是天赋过人？是母亲的培养？是他自己的勤学苦练？还是北周宣帝和突厥王的赏识和历练？

聪明的小朋友，请你来想一想，说一说吧。

成 语 游 戏

调皮的三兄弟

在古代人眼中，"一"指的是天地未开时的那片太初混沌之气，"二"比"一"前进了一点，指的是分开后的天地两极。

噢，对了，说到这儿，就要说说"二"的兄弟们了。"二"用作数词时，是一加一的和，比如一个苹果加一个苹果，数量就是"二"。和它意思一样的，还有"两"和"双"。注意，它们是有固定搭配的，什么时候用什么字，千万不要混淆哟。

"二""两""双"三兄弟特别调皮，仗着长得像，它们在玩组词游戏时，常常将小朋友给绕糊涂了。比如，"二龙戏珠"变成了"两龙戏珠"，"两小无猜"变成了"二小无猜"，这可糟糕了。

聪明的小朋友，请你擦亮眼睛，将三兄弟对号入座，组成正确的成语吧。

国	士	无	
	袖	清	风

别	无		致
成		成	对
三	心		意
	肋	插	刀
三	长		短
一	语		关
	面	三	刀
一	箭		雕

数字三的成语

孟母三迁

三迁是搬了几次？

成语 孟母三迁

含义 孟母多次搬家，后用来指父母用心良苦，竭尽全力培

养孩子。

智慧热身

　　小朋友，现在，有父母为了孩子能上心仪的幼儿园或者小学，不辞辛劳地举家迁徙。在古代，也有这样一位妈妈，她为了儿子的教育搬家，还搬了不止一次。她找到满意的学校了吗？她的儿子，又是否不负重托，学有所成呢？我们来听听下面的故事吧。

成语故事

　　这位妈妈叫孟母，她的孩子叫孟子，也许你已经听说过这个名字，因为孟子是我国古代有名的大思想家和大教育家。现在，我们先来说说他小时候的故事。

　　孟子很小的时候，爸爸就去世了，妈妈独自带着他生活。他们居住的地方离墓地很近，孟子天天看别人办理丧事，没过多久，就跟小伙伴们玩起哭丧下葬的游戏。

　　孟子为什么这样做？因为小朋友特别喜欢模仿大人。你小时候也模仿过爸爸妈妈做事吧，如果你有小弟弟或小妹妹，他们可能还会模仿你。

　　不过，孟母看到小孟子模仿丧葬，不太高兴，她皱着眉说："这个地方可不适合孩子住。"于是她要搬家。单亲妈妈带着孩子搬家可不是件容易事，但是孟母不畏艰难，她忙忙碌碌地选新家、收拾东西。

　　新家在集市旁边，孟子每天可以观察到商家做买卖。很快，他也学着沿街叫卖，还学屠户的样子宰杀动物。孟母看了直摇头："唉，这个地方还是不适合孩子住。"于是她又带着孟子搬家了。

　　这回，孟母在选新家的时候更用心地考虑，也更细致地调查，最终他们搬到了学宫旁边。

妈妈，我们为什么搬家

住在这里你会学坏的

小孟子在学宫旁边，看到学生们进去读书学习，他们不论出入都很有礼貌地相互行礼。孟子也学着他们的样子读书、行礼。孟母看到孩子俨然一个小文官的样子，满意地说："这才是适合孩子住的地方。"于是，他们就在这里定居下来。

孟子在学宫附近耳濡目染，长大后，他也进了学宫，学了六艺，成了很有学问的人。后来，孟子继承并发展了孔子的思想，被尊为儒家的代表人物。孔子被后世尊为"圣人"，孟子则被尊为"亚圣"，儒家思想也被称为"孔孟之道"。

后人认为，孟子可以取得那么伟大的成就，跟他妈妈的全心培养是分不开的。的确，孟母不光为了孩子的教育环境多次搬家，

平时对孟子的教育也格外用心。《三字经》上就有"昔孟母，择邻处，子不学，断机杼"的记载，前六个字啊，说的就是我们今天讲的故事呢。

头脑风暴

小朋友，故事讲完了，我们来做个头脑风暴吧——孟母三迁，是搬了几次呢？

原来呀，"三"并不指具体数字，只是多次的意思，像我们平时常说的再三、几次三番一样，孟母三迁也是说孟母为孩子能有个好的教育环境而多次搬家。

你可能还有一个疑惑。为什么孟母既不喜欢孟子学习丧葬，也不喜欢他做商贩呢？在现代社会，职业是不分高低贵贱的。但是在古代，人要分三六九等，尊卑贵贱，职业也如此。丧葬业、商业，在那时都不是"高贵"的职业，做官做学问才是，所以古人才说"万般皆下品，惟有读书高"。孟子最后成了读书人，他妈妈应该很高兴吧。

你喜欢做什么？有什么样的职业理想呢？其实呀，不管什么职业，只要可以帮到需要帮助的人，就很好。不过，读书学习，跟从事任何职业都不冲突。读书可以让人获取各种各样的知识，更重要的是，读书可以使人充实精神世界，使人明白很多道理。你觉得呢？

三皇五帝

上古时期的大人物，有多牛？

成 语 三皇五帝

含 义 通常称燧人氏、伏羲氏、神农氏为三皇，黄帝、颛顼、帝喾、唐尧、虞舜为五帝。

智慧热身

我们前面讲过的故事，很多都发生在东周，也就是春秋战国时期，再早一点的是西周。比西周更早的夏朝和商朝，我们还没讲过。今天我们讲讲远在夏朝之前的时代——上古时期。那个时期距今久远，后人找不到文献可考，主要是通过神话传说得知的。上古时期有几位重要的人物，流传至今，他们就是三皇五帝。

成语故事

"三皇"分别是伏羲氏、燧人氏、神农氏。

伏羲氏根据天地万物的变化，发明创造了八卦，这是中国古文字的发端。远古人类想记下一件事的时候，就在绳子上打结，我们称之为"结绳记事"。从有了八卦起，人们开始用符号记事，比打绳结更方便，也更具体。伏羲氏又结绳为网，教会了人们渔猎的方法。他还发明了瑟，创作了乐曲，把音乐带入人们的生活。

燧人氏钻木取火，教人吃熟食，结束了远古人类茹毛饮血的历史。在原始时代，因为不会用火，人们什么都吃生的，连打来的猎物也生吞活剥，连着皮毛带着血吃，所以叫"茹毛饮血"。后来人们偶然发现野火烧熟的食物更好吃，于是开始利用自然火，但是需要小心翼翼地保存火种。多亏了燧人氏教大家钻木取火，人们才能随时随地用火取暖、照明、烧熟食物。

神农氏发明了农具，教人们种五谷、饲养动物、制作陶器、纺织，从此农业开始发展。人们穿上了布做的衣服，用陶器加工处理食物，生活大大改善。神农氏因而被后世

尊为农业之神。远古时人们经常因乱吃东西而生病，甚至丧命。神农氏教人们医药，还跋山涉水，尝遍百草，找寻治病解毒的良药。传说他为了试验草药，误食一种草中毒而死。人们感念他的恩德，世世代代都纪念他。

再来讲五帝，他们分别是黄帝、颛顼、帝喾、唐尧、虞舜。

黄帝是远古时期的部落联盟首领。传说，黄帝和另一个部落联盟首领炎帝，两人带着各自的兵马展开了一场大战，最后黄帝胜了，两个部落逐渐融合成华夏族。黄帝播百谷草木，大力发展生产，还制作了衣服鞋帽，建造了船和车，在数学、音乐和医学等许多方面都有贡献。

颛顼是黄帝的孙子，性格深沉而有谋略。颛顼创制九州，使中国首次有了版图界线；建立统治机构，定婚姻，制嫁娶，研究男女有别，长幼有序；改革甲历，定下四季和二十四节气，后人推戴他为"历宗"。传说当时民间崇尚鬼神，迷信盛行。颛顼下令禁绝巫教，劝导百姓遵循自然的规律从事农业生产，鼓励人们开垦田地，使社会恢复了正常秩序。

帝喾是黄帝的曾孙，前承炎黄，后启尧舜。帝喾从小德行高尚，

聪明能干，所以在颛顼死后，就继承了帝位。他以仁爱和诚信治国，生活俭朴，广施恩惠；他不违背自然规律，又恭敬地祭祀天地，为万民祈福；他还知人善任，明察善恶。在帝喾的治理下，社会富足，人民安居乐业。

尧，是原始社会末期的部落联盟首领。尧登上帝位后，按各种政务任命官员，在我国历史上第一次建立了较为系统的政治制度。他命人测定出了春分、夏至、秋分、冬至，使农业生产有所依循。他为人勤俭，听从劝谏，让天下百姓尽其言。尧在帝位七十年，九十岁时将帝位禅让于舜。

舜的母亲很早去世，父亲续娶，继母生了弟弟。父亲、继母和弟弟三人串通一气，想要害死舜。然而舜对父母十分孝顺，对弟弟十分友善。身世如此不幸，环境如此恶劣，舜却能表现出非凡的品德，处理好家庭关系，令人叹服。舜执政以后，明确了各个大臣的职责，还规定三年考察一次政绩，由考察三次的结果决定提升或罢免。通过整顿，各项工作都出现了新面貌。他任命大禹治水，多年水患终于被治服，人民生活得以安定。

头脑风暴

小朋友，故事讲完了，我们来做个头脑风暴吧——三皇五帝品行高尚，心系百姓。他们各有什么样的品质，值得后世称扬呢？请你来想一想，说一说吧。

退避三舍

晋文公的撤退，仅仅是为了守信用吗？

成 语　退避三舍

含 义　主动退让九十里，古时行军计程以三十里为一舍。后

比喻对人让步，不与相争。

智慧热身

小朋友，如果两个军队作战，还没开始打，一方先后退了几十里，你觉得奇怪吗？你可以带着这个疑问，听听接下来的故事。

还记得吗，在"一鼓作气"里我们曾经讲过，春秋时期周朝天子的势力衰微，诸侯国纷纷争霸，战争频发。今天的故事也发生在这个历史时期，故事的主人公叫重耳，也就是历史上有名的晋文公，他是继齐桓公之后的第二个春秋霸主。

成语故事

重耳是晋国公子，因为他父亲晋献公听信谗言要杀他，他不得不走上逃亡之路。

十几年里，重耳辗转于卫、齐、曹、郑等多个诸侯国，历尽艰难，受过不少冷遇，但他一直寻找回国的机会。流亡期间，重耳来到楚国。楚成王很欣赏他，以国君之礼迎接他，待他如上宾。

一天，楚成王设宴招待重耳，两人边喝酒边聊天。突然，成王问重耳："如果有一天你回晋国当上国君，会怎么报答我呢？"

重耳想了想说："要是托您的福，果真能如此的话，我愿与楚国交好。假如晋楚之间不得已发生战争，我一定命令军队先退避三舍。"

过了几年，重耳在秦国的帮助下真的回到晋国，还当上了国君，史称晋文公。晋文公即位以后，整顿内政，发展生产，把晋国治理得日渐强盛。但他并不满足于此，因为他想像齐桓公那样，做个中原霸主。

公元前 633 年，楚国派大将成得臣率军攻打宋国，宋国向晋文公求救。晋文公曾受楚成王礼遇，两人还有友好约定，救宋国就得打楚国，救不救呢？这可难办了。晋文公跟大臣们商量了很久，得出的结论是，要当上中原霸主，就得打败楚国。于是，他部署了很多兵力，亲自率军去救宋国。

　　晋军先打下了依附楚国的曹、卫两国，俘虏了两国的国君。楚成王本来并不想同晋文公交战。可是成得臣认为宋国迟早可以拿下来，不肯半途而废。楚成王很不高兴，只派了少量兵力让成得臣指挥。成得臣先派人通知晋军，要他们释放曹、卫两国国君。晋文公却暗地答应两国国君恢复他们的君位，但条件是要他们先跟楚国断交。曹、卫两国答应了晋文公的条件，去跟楚国断交。成得臣本是来救这两个国家的，没料到他们先来跟楚国绝交。他气得他双脚直跳，立即下令，让全军攻打晋军。

　　楚军一进军，晋文公立刻命令往后撤。晋军中有些将士想不开了："哪有仗还没打就先后撤的道理？"晋文公解释说："打仗要凭个理，理直气才壮。当年我曾经答应过楚成王，要是两国交战，晋国情愿退避三舍。要是我们对楚国失信，那就理亏了。现在我们按约定撤退了，如果他们还步步紧逼，那就是他们输了理，我们再跟他们交手也不迟。"

假装害怕逃跑
快装狼狈一点

好！

　　晋军一口气后撤了九十里，到了城濮，才停下来，布好了阵势。楚国有些将军见晋军后撤，想停止进攻。可是成得臣却不答应，

因为他觉得晋军是害怕楚军才撤退的，所以一直追到城濮，跟晋军遥遥相对。成得臣派人向晋文公下战书，措辞十分傲慢。晋文公也派人回答说："贵国的恩惠，我们从来都不敢忘记，所以退让到这儿。现在既然你们不肯罢休，那咱们只好在战场上比个高低了。"

两军才一交手，晋国的将军用两面大旗，指挥军队向后败退。他们的战车后面拖着伐下的树枝，后退时扬起一阵阵尘土，显出十分慌乱的模样。成得臣一向骄傲自大，不把晋军放在眼里，此时更是不假思索地指挥楚军直追上去，谁知正中了晋军的埋伏。晋军预先布下的精锐部队猛冲过来，把楚军的队伍拦腰切断。原先假装败退的晋军又回过头来，前后夹击，把楚军杀得七零八落。晋文公连忙下令，吩咐将士们只要把楚军赶跑就是了，不要追杀。

成得臣兵败，自觉没法向楚成王交代，就自杀了。晋军占领了楚国营地，吃了楚军遗弃下来的粮食凯旋。这场战争就是历史上著名的"城濮之战"。

自此，晋国名望倍增，超过了齐国，晋文公也成了中原霸主。

头脑风暴

小朋友，故事讲完了，我们来做个头脑风暴吧——晋文公退避三舍，仅仅是为了守信用，信守当初对楚成王的诺言吗?

我们后来看到，晋军的战略部署环环相扣，设下埋伏，诱敌

深入，前后夹击，其中假装败退的那个树枝扬尘细节，更是令一般人无法识破。

所以啊，退避三舍还是一种用兵策略，是战略步骤上的重要一环，既避开了楚军的锐气，也迷惑了成得臣，最终助力晋军取得了战争的胜利。

韦编三绝

爱读书，可以爱到什么地步？

成语 韦编三绝

含义 编竹简的皮绳断了多次，比喻读书勤奋。

智慧热身

　　小朋友，我们现在读的书是印在纸上的，那么在古代，造纸术发明之前，书长什么样呢？

　　可能有些小朋友在博物馆见过，那时候的书是竹子做的。先将竹子削成一片一片的，再把文字写在上面，做成竹简。之后把竹简钻出眼来，最后用结实的牛皮绳把它们串起来，就成了简书。古人还根据简书的样子创造了象形字"册"字，两个竹片中间加一横，那一横就是牛皮绳啦。

　　古人看书时就搬出简书，每看完几片就翻过来。牛皮绳是很

耐磨的。然而，有位古人因为喜欢看书，看了不知多少遍，把串竹简的牛皮绳都磨断了。这个人是谁呢？

成语故事

　　孔子名丘，字仲尼，是春秋时期鲁国人。他的学问非常高，是我国古代的大思想家和大教育家，也是儒家学派的第一代表人物，他创立的儒学对中国文化有着极其深远的影响。

　　孔子小时候很爱读书，当时读书人学的"六艺"，也就是礼、乐、射、御、书、数，他都很精通。孔子十分崇拜周朝初年那位制作礼乐的周公，对古礼很有研究，后来他有个政治主张就是恢复周朝的礼乐制度。孔子十九岁时当过管理仓库、牧业的小吏，二十三岁开始在乡间收徒讲学。不到三十岁，名声渐渐大了起来。三十五岁时，孔子因为在鲁国不得志，到了齐国。他跟国君齐景公谈了他的政治主张。齐景公待他很客气，想封他做官，但是相国晏子认为孔子的主张不切实际，所以齐景公没任用他。孔子只好重回鲁国，聚徒讲学。后来，鲁定公即位，任命孔子做了地方官，一年后又提拔他做大司寇。在孔子的辅佐下，鲁国的国力日益强盛。

　　齐景公想拉拢鲁国，就写信给鲁定公，约他在一个地方会盟。那时候诸侯会盟，都得有个大臣当助手。鲁定公决定让孔子担任这个助手。在会盟中，齐国想以武力挟持鲁定公，被孔子严词喝退。孔子还迫使齐国归还侵占过的鲁国土地，为鲁国取得了一次重大

的外交胜利。

齐国一看孔子这么能干，害怕鲁国越来越强大，对自己不利。他们就想了个办法，给鲁定公送了八十名歌女，想让鲁定公沉湎于歌舞玩乐，不能好好治理国家。鲁定公果然中计了，此后不管国家政事。

孔子感到很失望，就离开了鲁国，带着一批学生周游列国。他先后到过卫、曹、宋、郑、陈、蔡等国，奔波了七八年，希望找个机会实行他的政治主张。可是，那个时候，大国都忙于争霸的战争，小国都面临着被并吞的危险，整个社会正在发生变革。这些国家的国君，没有一个采纳孔子的政治主张。

最后，孔子回到鲁国，把全部精力放到了教育和整理古代文化典籍上。孔子在晚年还整理了几种重要的古代文化典籍，像《诗经》《尚书》等，并把鲁国史官所记的《春秋》加以删改，使之成为我国第一部编年体的历史著作。

在教育方面，孔子提出了"有教无类""因材施教""学而不思则罔，思而不学则殆""温故而知新"等主张。孔子门下有学生三千人，很多学生在各行业做出了杰出的贡献。自汉代以后，孔子创立的儒学成为后世封建文化的正统，影响了中国人几千年。

孔子本人也践行着自己的教育思想，做学问非常勤奋。据说，他在晚年开始钻研《周易》。相传《周易》是周文王写的，很难理解。孔子就捧着简书翻来覆去地读，愣是把串简的牛皮绳给翻断了，换上新的，再接着读，不久新的又翻断了。为了把《周易》研究透彻，孔子把穿竹简的牛皮绳翻断了很多回。

这就是"韦编三绝"的故事，后世用这个成语来形容勤奋好学爱读书。

绳子又断了

头脑风暴

小朋友，故事讲完了，我们来做个头脑风暴吧——爱读书，可以爱到什么地步？

孔子读《周易》读到韦编三绝，但他对自己还是不尽满意，他说："要是可以多活几年，就能把周易研究得更透彻了。"可见越是有学问的人，越懂得学无止境这个道理呀。

约法三章

刘邦为什么赢得了民心?

成语 约法三章

含义 指事先约好或明确规定的事。泛指订立简单的共同遵守的条款。

智慧热身

我们曾经讲过韩信国士无双的故事。在那个故事里,还有一个人多次出镜,他就是刘邦。

刘邦原本是秦朝的一个小官,他趁乱起兵,得到很多有识之士的帮助,队伍逐渐壮大,最终打败了西楚霸王项羽,建立了西汉,史称汉高祖。

刘邦的一生极为精彩,关于他的故事,比如斩蛇、鸿门宴等等有很多,今天我们讲一讲他在秦都咸阳如何取得民心的故事。

成语故事

　　秦朝末年，老百姓不堪忍受苛捐杂税、严刑酷法，一场大的农民起义爆发了。

　　陈胜、吴广率先在大泽乡起义，号召群众反秦，各地纷纷响应。刘邦在沛县集合三千子弟响应起义，大家举他为沛县县令，并尊称他为"沛公"。楚国贵族后代项梁和项羽也在吴中起兵，兵力迅速达到近万人。后来，陈胜、吴广的起义军被秦朝镇压。刘邦、项羽开始联手，共同抵抗秦军。他们约定谁先入关中，谁就做关中王。

　　公元前207年，刘邦率领大军先攻入关中，到了离咸阳只有几十里路的灞上。秦三世子婴一看汉军势不可挡，就向刘邦投降了。有人建议刘邦杀掉子婴，但是刘邦认为人已经投降，要是再杀掉不太仁义，就把子婴交给随行的官员看管。

　　刘邦领兵进入咸阳，看见秦宫殿富丽堂皇，金银财宝应有尽有，不禁有些头脑发热：常年征战辛苦，不如就此住下来，享受一番。

　　一个叫樊哙的部将见了，提醒他说："沛公，您是打算将来统一天下，还是打算占些财富，只做个富翁而已？您怎么能留在宫中呢，难道忘了秦朝怎么亡国的吗？应该赶快还军灞上！"但刘邦此时正沉迷于胜利之中，根本听不进樊哙的话。

　　谋士张良听说此事，也进言说："秦朝正因为贪图享乐不顾

百姓，才逼得大家起义，沛公您才进了咸阳城，就要在宫殿里住下，这和暴秦有什么两样呢？忠言逆耳利于行，希望您能听从樊哙的劝告啊。"张良一番话合情合理，刘邦听后想了想，确实应该接受他们的意见。于是，他下令封闭王宫，并留下少数士兵保护王宫和藏有大量财宝的库房，随即还军灞上。

为了取得民心，刘邦把关中各县的父老乡亲召集起来，郑重地向他们宣布："秦朝刑法严苛，可把众位害苦了！我跟诸侯有约在先：谁先入关中，谁就做关中王，现在我先来了，关中王应当是我来做，所以我就来给大家做个规定，不论是谁，只需要遵守三条法律。这三条是：杀人者要偿命，伤人者要被判刑，盗窃者也要抵罪！秦朝其余的法律全部废除，原先的官员职位可以保留。我们之所以来，是为大家除害，并不是要侵占百姓财物，不会有任何暴行，希望大家不要害怕。我之所以把军队退驻在灞上，是为了等待各路诸侯到齐后再来商定各项规。"

杀人者要偿命，
伤人者要被判刑，
盗窃者抵罪！

刘邦又派人同当地的官员一起把三条法律写出来，做成安民告示，张贴于各地，好让百姓都知晓，这就是"约法三章"。

果然，当地人民非常高兴，争相杀牛宰羊，拿出好酒好饭犒劳军士。但是刘邦却坚持不肯接受，只说："军粮还有，不用这样浪费人力物力。"人们听说刘邦这样勤俭宽厚，更高兴了，人人都希望沛公可以做帝王。

后来，项羽也率人马进入了关中，他的做法却与刘邦完全不同。

项羽杀掉了降王子婴，把秦宫中的财宝洗劫一空，还纵火焚烧宫殿，大火烧了三个月不止，所到之处一片废墟，关中人民对他大为失望。

再后来，刘邦和项羽为了争夺天下进行了四年的战争。项羽兵败，刘邦得了天下。

孟子曾说过："得民心者得天下。"而刘邦，早在与民约法三章时就懂得如何安抚民心了。

头脑风暴

小朋友，故事讲完了，我们来做个头脑风暴吧——刘邦为什么赢得了民心？

刘邦的宣告以及随后的安民告示，就是历史上有名的约法三章。它确保了人民的生命财产安全，顺应了老百姓渴望结束战争、过上安宁生活的意愿。保留秦王朝的官员，也可以让熟悉当地情

况的人为自己服务。另外，当众宣布与诸侯的约定，一再表示他率军入关是为民除害，消除大家的怀疑和戒备，这些都赢得了民心。

刘邦为什么要与百姓约法三章吗？他是怎么赢得民心的？你认为刘邦为什么会在楚汉战争中取得胜利？他有哪些受人爱戴的好品质？小朋友，这回你能说一说了吗？

成语游戏

接"三"连"四"

和"一""二"一样，"三"虽然写法简单，背后也有深奥的含义呢，指的是"天、地、人"。

"三"作为数字，可以指三个，也可以泛指多个。比如三顾茅庐，就是刘备带着关羽和张飞三次前往隆中，邀请诸葛亮出山辅佐他。又比如，我们经常说的三思而行，就是指做事情之前要多次斟酌，反复思量，可不是特指三次哟。

一、二、三、四……数字排排队，"三"和"四"因为挨得近，成了一对形影不离的好朋友。"三"不论做什么，都会带上"四"，比如"挑三拣四"。聪明的小朋友，请你帮"三"和"四"组成这样的成语，越多越好哟。

	三		四
	三		四
	三		四
	三		四

	三		四
	三		四
	三		四
	三		四

数字四的成语

家徒四壁

贫穷是不是真的一无所有？

成语 家徒四壁

含义 形容家中十分贫穷，只有四堵墙。

智慧热身

　　小朋友，你认为什么样的人算是有才华？能文能武？能写会画？能弹能唱？如果这些"能"都集中在一个人身上，我们肯定要给他几个大大的惊叹号：哇！太有才了！在我们中国悠悠五千年的历史长河中，配得上几个惊叹号的明星人物有很多，不过下面这位无疑是其中耀眼的一颗，他就是西汉时期的司马相如。

成语故事

司马相如少年时喜爱读书和剑术，做了皇帝身边的武骑常侍，陪着天子车驾游猎。他也喜爱文墨，写得一手好辞赋。辞赋是西汉时期最重要的文体，就像唐诗和宋词分别是唐代和宋代的代表文体一样。在西汉，谁辞赋写得出色，就被称为辞赋家，表示他文学造诣很高。司马相如就是个大辞赋家，他写出了《子虚赋》这样的名篇，成了远近闻名的大才子。

后来，司马相如到了临邛县，他的朋友在那里做县令。县令朋友一听说大才子来了，大喜过望，于是天天造访。起初，司马相如还跟县令见面，但是几天以后不知为什么，司马相如就推辞掉所有的邀约，不再会见宾客了。

小小的县城一时间议论纷纷，有人说大才子有文人的傲骨，怕是像隐士一样的人吧，也有人说大才子是在闭门创作辞赋吧。谁也不知道这其中的秘密，司马相如越是久不出门，就越有人想见到他。

县城内有两位富豪，其中一位是全国首富卓王孙。他们慕名想见见司马相如，就在家里大摆宴席，派人去邀请大才子，但是司马相如一口回绝了。两位富豪感到很丢面子，这时，县令提出由自己去请司马相如，看他给不给朋友面子。司马相如不好推辞，就勉强答应了。

　　司马相如来到宴席上。大家一看，原来大才子还是个英俊不凡、风采夺目的大帅哥，都更加倾慕他。可是司马相如却只饮酒，不说话，因为他有口吃，一说话难免尴尬。县令知道司马相如的隐疾，就给司马相如递上一把琴说："何不在此弹奏一曲，为宾客们助兴？我们也可饱饱耳福啊！"司马相如就弹奏了一曲《凤求凰》，在座宾客无不赞叹。

　　你猜《凤求凰》是个什么曲子？它是司马相如自己写的一首情诗谱成的曲。

　　　　　凤兮凤兮归故乡，

　　　　　遨游四海求其凰。

　　　　　时未遇兮无所将，

　　　　　何悟今兮升斯堂。

　　意思是，我曾经苦苦寻找我爱的那个人，一直没找到，现在回到了家乡，却在这里不期而遇。

　　司马相如怎么在那么多宾客面前弹唱情歌呢？原来啊，他爱上了卓王孙的女儿卓文君，正好借此机会表白一番。

　　此时，卓文君正躲在屏风后偷听，不禁心下一动，多希望司马相如说的那个人就是自己啊。卓文君对司马相如也早有所耳闻，她只是没想到司马相如这样光芒四射，吸引了所有人的目光。她发现自己开心又忐忑，开心的是遇到了喜欢的人，忐忑的是不知道这个人喜不喜欢自己。

　　宴席结束后，司马相如立刻花重金收买了卓文君的贴身丫鬟，让她转达对卓文君的爱慕。当天晚上，卓文君就离家出走，来到

司马相如的住所。两个相爱的人私订终身，连夜回到了司马相如的老家成都。

卓文君一看司马相如的家，哎呀，家徒四壁，就是说，屋子里除了四面墙壁外，穷得没有任何东西。不过卓文君并不介意，他们的生活十分困窘却很快乐。

> 这是你的家？穷得什么东西都没有？

> 嗯，你不嫌弃吧？

古代人结婚都要父母之命、媒妁之言，是不可以自己决定的，而且婚姻要门当户对，富人很少嫁给穷人。因此，卓王孙大怒："这样的女儿不要也罢！我不会给他们一分钱！"

后来，司马夫妇俩又回到了临邛，靠着朋友的帮忙，开了一间酒馆。卓文君当垆卖酒，司马相如在边上打杂，两人有说有笑，日子过得简单而温暖。

但是，大才子娶了富家千金，两人卖酒为生，这在小县城无疑是爆炸式新闻。没多久，所有人就都知道了，全国首富卓王孙

的女儿居然在街上卖酒！卓王孙爱面子，只好送给卓文君一百名仆人和一笔钱做嫁妆。于是，司马夫妇回到成都买田置地，不用再过清贫的日子了。

家徒四壁，后来就成为一个成语，形容家里贫穷。

头脑风暴

小朋友，故事讲完了，我们来做个头脑风暴吧——贫穷是不是真的一无所有？

司马相如家徒四壁，物质上很贫穷，可是他真的一无所有吗？当然不是。他腹有诗书，精通音律，靠着过人的才华还收获了爱情。卓文君也很了不起，她在清贫时依然可以保持内心的富有，把日子过得有滋有味。

狼烟四起

从哪里去找那么多狼粪？

成语 狼烟四起

含义 形容四处有报警的烽火，指边疆不平静。

智慧热身

小朋友，你有没有想过，在古代，没有手机，没有网络，一旦敌人来进攻边境，怎么通知后方军队支援呢？

派一名骑兵快马送信？边塞地势险要可不好走。吹响号角？边塞空旷风大恐怕听不见。

其实啊，聪明的古人有个很好的办法，这办法很早就开始用了，那就是烧狼粪。你没有听错，是狼的粪便。为什么呢？让故事来告诉你。

成语故事

　　唐代有本叫《酉阳杂俎》的书里说："狼粪烟直上，烽火用之。"意思是说，点燃狼粪形成的烟是直直地向上飘的，可以做烽火用。

　　烽火和狼烟都是指古代军队中传送警报信息的信号。一旦边境有危险，燃起烽火，就有了狼烟，别的地方的士兵看见了，便知有战事发生，继而出兵相助。狼烟很浓很重，不会轻易被风吹散，而且狼粪又易保存，所以说古人很聪明，可以想到用它来传信。狼烟一般不光是烧狼粪，而是掺一些狼粪在柴草里一起烧。如果在夜里，还要烧加有硫黄和硝石的干柴，使火光更明亮，更容易被看见。

　　古人还建有烽火台，作为专门烧狼烟的地方。如果你见过长城，就对烽火台不陌生。那个每隔一段就出现的方形建筑，有着锯齿状的上缘和圆拱形的门洞，就是烽火台。烽火台的诞生早于长城，它是古代最重要的军事防御设施，由国都到边镇要塞，沿途都遍设烽火台。当敌人来犯，首先发现的哨兵立刻在烽火台上点燃烽火，邻近的烽火台也相继点火，烽火台的狼烟一个接一个点下去，这样消息就被很快地传递出去。

　　关于狼烟，有个成语叫"狼烟四起"，指狼粪在四处都烧了起来，狼烟飘在空中。那就是说，四处都有战争，天下很不太平。

　　关于烽火，也有个耳熟能详的故事叫"烽火戏诸侯。"说的

是西周末年，昏君周幽王荒淫无道，不思朝政，盘剥百姓，重用奸臣虢石父。周幽王好美色，下令广征天下美女入宫。有人就找到一位叫褒姒的绝色美女，献给幽王。

幽王见了褒姒，惊为天人，非常喜爱，马上封她为妃。自从褒姒入宫后，幽王十分宠幸她。褒姒虽然生得艳如桃李，性格却冷若冰霜，从来没有对幽王笑过一次。幽王想尽一切办法想博得褒姒一笑，但始终没有成功。为此，幽王竟然悬赏：谁能引得褒姒一笑，赏金千两。那个叫虢石父的奸臣就替周幽王想了一个馊主意。

当时，西周为了防备北方少数民族的侵扰，在都城镐京附近修筑了二十多座烽火台，每隔几里地就是一座。如果敌人来了，烽火台就派上用场，可以向附近的诸侯报警。诸侯见了烽火，知道京城告急，天子有难，就会起兵勤王，赶来救驾。

虢石父的主意是什么呢？就是点烽火把诸侯骗来，让他们白跑一趟，以此逗引褒姒发笑。昏庸的周幽王依计而行，诸侯看到烽火狼烟，都点将率兵十万火急地赶来，谁知扑了个空。

褒姒看到大家先是火急火燎，再一脸不解，最后气得捶胸顿足，不禁笑了出来。周幽王一看美人真的笑了，顿时心花怒放，他重重地赏了虢石父。至于被骗的诸侯，幽王竟然就跟没事儿人一样让大家都回去。

大家看到天子如此昏聩荒唐，都失望至极。此后国家也一天比一天衰败。再后来，北方真的有敌人大举进犯，慌乱的周幽王命人点起烽火，向诸侯国求救，可是没人再来了。敌兵杀进了都城，

周幽王被杀，西周自此灭亡了。

真好笑
一个个煞有介事的

头脑风暴

　　小朋友，故事讲完了，我们来做个头脑风暴吧——从哪里去找那么多狼粪？

　　狼烟和烽火的故事讲完了，我猜小朋友们更喜欢"烽火戏诸侯"，因为它让你想起狼来了的故事。它们都有同一个意义：严肃的事情要严肃对待，不能任意撒谎像儿戏一般，否则就会失信于人，后果不堪设想。

　　你的看法是什么呢？

四体不勤，五谷不分

入世还是归隐，古代知识分子怎么选？

成语 四体不勤，五谷不分

含义 四体，指人的两手两足；五谷，通常指稻、黍、稷、麦、菽。四体不勤，五谷不分指不参加劳动，不能辨别五谷。后用来形容脱离生产劳动，缺乏生产知识。

智慧热身

小朋友，你知道什么是隐士吗？

古代有些知识分子，不满黑暗的现实，选择隐居在深山和田园，怡然自乐，以做官为耻，被人们称为隐士。

隐士大都有着独立的人格和自由的思想，不委曲求全，不依附权势，有做官的才能学识却不做官。接下来要讲的故事里，就有个这样的隐士。

成语故事

想要认识这位隐士，得先从孔子说起。

孔子是谁，你一定没忘吧。我们在讲"韦编三绝"的时候说过，孔子因为在鲁国不得志，就带着一批学生去周游列国，想找机会看看哪位君主可以采纳自己的政治主张。孔子一行人到过很多诸侯国，游历了七八年，中间经历过很多人和事，那位隐士就是孔子他们在旅途中遇到的。

有一天，孔子的学生子路掉队了，落在了后面，他急匆匆地赶路想追上孔子。可是前面是个岔路口，子路一时不知道该往哪边走。

这时，迎面走来一位扛着锄头的老农，子路便上前问他："您看到我的老师了吗？"

老农有些不满地说："四体不勤，五谷不分，哪里配做老师？"说完，他就抡起锄头锄草了。

老农的话是什么意思呢？就是说农忙的时候，你们也不在田间劳动，五谷恐怕都分辨不出来，还当什么老师嘛。

子路一看老农谈吐不凡，而且颇有些愤世嫉俗，便不敢造次，很恭敬地等在一旁。老农一边锄地，一边瞥见子路知书达理的模样，想想自己没来由地批评了人家一番，心里也有点过意不去。眼看天色已晚，老农就请子路留宿在自己家，杀了鸡，做了一顿好饭

款待子路，还介绍自己的两个儿子给子路认识。

第二天一早，子路辞别了老农一家，继续赶路。赶上孔子之后，子路把遇到老农的经过告诉了孔子。孔子说："这人是个有修养的隐士。"孔子也想见一见这位隐士，便叫子路为他引荐。

等他们到了老农家后，却发现老农已不知去向何方，子路叹息道："那位隐士很有才能，却没有像我们这样去寻求施展的机会，这算是不够仁义吧。虽然他明白事理，也只是洁身自好，独善其身而已。君子应该成为国之栋梁，造福天下百姓，时代越混乱，越要锲而不舍地追求，这才是大仁义。唉，像那样有修养的人也不行大仁义，而是做了隐士，可见我们走的这条路很难啊！"

这就是成语"四体不勤，五谷不分"的故事，本来是老农批评孔子及其学生的，现在用来形容脱离生产劳动，缺乏生产知识。

> 四体不勤，
> 五谷不分，
> 哪里配做老师？

头脑风暴

小朋友，故事讲完了，我们来做个头脑风暴吧——入世还是归隐，古代知识分子怎么选？

孔子很有政治理想，并且一直积极实现，即使周游列国处处碰壁，他的理想也始终没有泯灭。这种理想跟隐士精神很不同，隐士看到现实黑暗，有能力做官也不去做官。很多隐士都不太喜欢孔子，明里暗里嘲讽他。

楚国有个叫接舆的隐士，国君赠给他黄金和车马，请他去做官，他宁可剪了头发装疯卖傻也不要去。孔子到楚国时，接舆特地跑到孔子跟前编了一首歌来唱："你这像凤凰一样的人啊，偏偏生在这衰败的时代！天下混乱，就算是个圣人也只能顺应潮流、苟全性命。你想从政可危险喽！"

面对黑暗现实，是像孔子一样，努力在黑暗中拼出一片光明，还是像隐士们一样，独守自己高洁的精神天地？小朋友，你怎么看待这个问题呢？

成语游戏

了不起的 "四"

中国自古地大物博，有数不清的壮丽山川和名胜古迹。比如，四大名山（五台山、普陀山、峨眉山、九华山），四大书亭（醉翁亭、陶然亭、爱晚亭、湖心亭），四大名楼（鹳雀楼、滕王阁、黄鹤楼、岳阳楼）……爱旅行的小朋友，你有没有发现，这些合称都是四个一组呢？"四"作为大家的统领，真了不起呀。

人们经常将有相似特征的人或物合称，比如"四大文明古国""四大明绣""四大名山"，这样又有趣，又好记。下面这些古代文化的合称都带"四"，也就是说，每个里面都包含四个人或物。聪明的小朋友，你知道它们都是什么吗？

◎文房四宝：

◎四书五经：

◎四库全书：

◎国画四君子：

◎战国四君子：

◎初唐四杰：

◎贵族四术：

◎秀才四艺：

◎中国古代四大发明：

◎中国古代四大名著：

◎中国古代四大美人：

◎明代江南四大才子：

数字五的成语

不为五斗米折腰

做县令，一个月能拿几斤米？

成语 不为五斗米折腰

含义 五斗米，指俸禄；折腰，弯腰行礼，指屈身于人。

意思是为人不庸俗，有骨气，不为利禄所动。

智慧热身

采菊东篱下，

悠然见南山。

这两句诗非常有名，很多热爱田园生活的人都会不经意地低吟。

诗的作者叫陶渊明，是我国东晋后期的大诗人。他因为不满当时的黑暗现实而归隐田园。说到这里，你有没有想起一个词——隐士？对了，我们在讲孔子时说过，那些与孔子选择不太一样的人就是隐士。选择归选择，其实不少隐士与孔子也有着共同点，那就是心怀天下的社会责任感。陶渊明就是如此，他有理想有抱负，但是在黑暗现实中无法施展。如果你不太明白什么是黑暗现实，那就听听接下来的故事吧，我们来讲讲陶渊明是怎么走上归隐之路的。

成语故事

陶渊明的曾祖父陶侃是赫赫有名的东晋大司马、开国功臣，他的祖父陶茂、父亲陶逸都做过太守。受家风影响，陶渊明专心求学，从小就有着"猛志逸四海，骞翮思远翥"的志向，这两句诗意思是说，有着超越四海的壮志雄心，期望展翅高飞。

到了东晋末期，朝政日益腐败，官场黑暗。陶渊明的生活逐渐困窘，常常入不敷出，不过他仍然坚持读书作诗。陶渊明关心百姓疾苦，怀着"大济苍生"的愿望，陆续做过一些官职，但他淡泊功名，为官清正，不愿与腐败官场同流合污，又多次辞官。

陶渊明最后一次做官，是公元405年。那一年，陶渊明已经四十一岁，过了"不惑之年"。在朋友的劝说下，他再次做官，出任彭泽县令。

这年冬天，上级派遣督邮来检查公务。"督邮"这种官，是专门来考查县令政绩的，以凶狠贪婪闻名。督邮每年两次以巡视为名，向下级县索要贿赂。如果有哪个县令不给，督邮就跟上级说这个县令的坏话，栽赃陷害，所以没有哪个县令敢违抗，督邮也是每次都满载而归。

这次督邮一到彭泽的旅舍，就差吏役去叫县令来见他。陶渊明平时就蔑视功名富贵，不肯趋炎附势，对这种假借上司名义发号施令的人很瞧不起。

此时听得吏役说："参见督邮要穿官服，并且束上大带，恭恭敬敬地备好礼品！"

陶渊明无法忍受这样的傲慢和贪婪，他长叹一声道："吾不能为五斗米折腰，拳拳事乡里小人邪！"意思是我怎能为了县令的五斗薪俸，就低声下气去向这些小人贿赂献殷勤呢。说罢，他索性取出官印，把它封好，马上写了一封辞职信递给吏役，随即离开只当了八十多天县令的彭泽县。

陶渊明还写了一篇《归去来兮辞》，来表明他脱离仕途、回归田园的决心。此后陶渊明一面读书写文章，一面种田，他的妻子也跟他一样安贫乐道，"夫耕于前，妻锄于后"。

尽管生活贫困，陶渊明始终不愿再为官受禄。后来，江州刺史亲自到陶家访问，陶渊明坚决不收刺史送来的米和肉。朝廷征召他做官，也被他拒绝了。

在田园生活中，陶渊明找到了自己的归宿，写下了许多优美的田园诗歌。他的诗自然平和，"少无适俗韵，性本爱丘山""暖

暧远人村，依依墟里烟""种豆南山下，草盛豆苗稀"，就像一位温和的朋友在同你聊天，没有情绪的大起大落，但是纯真淡然的气质非常打动人。这些诗文在后世流传越来越广，影响越来越大，李白、杜甫、白居易、苏东坡、辛弃疾这些大诗人都很喜爱陶诗。

　　陶渊明原本可以活得舒适，至少衣食不愁，但那要以人格和气节为代价，于是他选择了艰苦的田园生活，获得了心灵的自由和人格的尊严。政坛中少了一位官员，文坛上却多了一位文学家。陶渊明"不为五斗米折腰"的故事，也成为知识分子刚直不阿、不趋炎附势的写照。后来，人们也常把那些在生活中不愿意牺牲自己的气节去换取某种物质利益的行为，说成是"不为五斗米折腰"。

头脑风暴

小朋友，故事讲完了，我们来做个头脑风暴吧——做县令，一个月能拿几斤米？

你想知道五斗米换算成现在的重量单位会是多少吗？需要说明的是，历代斗的概念不尽相同，不过差别不特别大，我们姑且按现在的换算。

现在的一升米重 1.25 斤，10 升米为一斗，所以一斗米重 12.5 斤，也就是 6.25 千克。那么五斗是多少呢，你可以算出来吗？

三令五申

用兵如神的军事家，怎么让士兵听话？

成 语 三令五申

含 义 古代军事纪律的简称，指多次命令和告诫，多指上级

对下级，领导对群众。

智慧热身

我们讲过两个关于战争的故事，一鼓作气和退避三舍。这两个故事都告诉我们，打赢一场战争是很讲究谋略的。

有一本专门讲战争谋略的兵书叫《孙子兵法》，非常有名，被后世很多用兵如神的军事家研习，在当今世界上也享有盛誉。

这么厉害的书，当然也是一个很厉害的人写的，他就是春秋时期的军事学家孙武。

成语故事

孙武生活的春秋时期，正是学术思想上百家争鸣的时期，有道家、儒家、法家、墨家等等，很多学派都去游说国君，希望自家的学说能被哪个明君采用，孙武也不例外。

这不，他带着他的《孙子兵法》去了吴国。吴王阖闾很有振兴吴国、称霸天下的雄心，正在广罗人才，他看了《孙子兵法》后非常欣赏。可是孙武当时是一介草民，吴王不免对其能力有所怀疑。于是，吴王打算考验考验孙武。

吴王把孙武召到了大殿上，对他说："你的十三篇兵法，我都看过了，你能否来做将军，当场展示一下如何用兵？"孙武点头说可以。

吴王又问："用宫中的女子来当军队可以吗？"谁都知道宫女们身体娇弱，做不了舞刀弄棒的士兵，吴王只是故意试探，看孙武有多大的本事。谁知孙武立刻回答说没问题。于是吴王召集了一百八十名宫中美女，请孙武训练。

孙武将她们分为两队，让吴王宠爱的两个姬妾当队长，并命令大家都拿着长戟，长戟是古代的一种兵器。孙武问道："你们知道前胸、左手、右手和后背吗？"众女兵听了直想笑，心想这谁能不知道，于是都说："知道。"

孙武又说："向前，就看前胸所对的方向；向左，就看左手

的方向；向右，就看右手的方向；向后，就看后背所对的方向。明白了吗？"众女兵说："明白了。"

纪律已经宣布，孙武就让人搬出杀人行刑用的铁钺，警告说如果谁没有按命令行事，会被当场斩首。女兵们还是一副嬉笑的表情，孙武又三番五次向她们交代纪律以及不守纪律的后果，说完便击鼓发出向右的号令。怎知众女兵非但没有依令行动，反而哈哈大笑起来。孙武见状严肃地说："解释不明，交代不清，应该是将军的过错。"于是他将纪律又详尽地解释了一遍，继而击鼓发出向左的号令。众女兵仍然只是大笑。孙武便说："解释不明，交代不清，是将军的过错。但是交代清楚了还不听号令，就是下级士官的过错了！"说完，他命左右随从把两个队长推出去斩首。

哈哈哈——

向左转

静静看你的笑话

吴王见孙武要斩他的爱妾，大惊失色，急忙说："我已经知道将军您善于用兵了。这两位是我最宠爱的姬妾，没有她们我连饭都吃不下的，请将军不要杀她们啊。"

可是孙武说："我既然受命为将军，将军领兵打仗，更熟悉军情，可以不接受国君的命令！"遂命左右将两个女队长斩了，然后任命两位排在队首的宫女为队长，重新击鼓发号。有了前车之鉴，女兵们都小心听话，做前后左右，甚至跪下起立等动作都符合规定，没有谁敢不认真对待。

孙武向吴王报告说："军队已经操练完毕，请大王检阅。您可以随心所欲地指挥，即使赴汤蹈火她们也不会违抗命令了。"

吴王因为失去两个宠姬，正在痛心后悔，就没好气地说："请你回去休息吧，我不想检阅了。"

孙武有些不满地说："原来大王只是欣赏我兵书上的理论，并不能实际运用啊！"

等吴王气消了一些，孙武就求见并解释了一番为什么要那么做。吴王本来就很佩服孙武的才能，听了之后越想越有道理，于是任命孙武做了上将军。孙武统率吴军大破楚军，攻破了楚国的都城。吴国因此威震中原，吴王也成为新一代的霸主。

后来，人们把孙武向女兵们三番五次地解释军令的做法引申为"三令五申"，即反复多次向人告诫的意思。

头脑风暴

小朋友，故事讲完了，我们来做个头脑风暴吧——用兵如神的军事家，怎么让士兵听话？

你猜猜，孙武是怎么跟吴王解释的？

他说，军令如山不可违抗，将领要严格执行军纪，士兵才会服从命令，打仗时才能同心协力、克敌制胜。

这些解释也回答了怎么让士兵遵守军令的问题，你想对了吗？

成语游戏

从一到五来接龙

"五"是个厉害的数字，不信，你瞧瞧：

形容读书人学问大，叫"学富五车"；形容一个人很牛，别人很崇拜他，叫佩服得"五体投地"；形容规模虽小，内容却很齐全，叫"麻雀虽小，五脏俱全"。

再说说历史上，"春秋五霸"是春秋时代很显赫的五个霸主，"三山五岳"中的五岳，是中国大地上很有名的五座高山，"四书五经"中的五经，是中国古代很经典的五部书籍。

小朋友，想一想，还有哪些很厉害的"五"呢？

下面每行成语中，第一个字和第三个字都是数字。且第三个字，必须是下一个成语的首字。请你填填看吧。

一			

数字六的成语

过五关，斩六将

一个回合手刃敌人，关羽怎么如此神勇？

成语 过五关，斩六将

含义 比喻英勇无比或下决心克服重重困难。

智慧热身

我国四大名著里，以描写战争为主的是哪一本？答案就是《三国演义》。

《三国演义》是根据三国时期的历史人物和故事写成的，里面有个很厉害的大将，以一敌十，有万夫不当之勇，他就是关羽，字云长，民间尊称他为关公。后世建了关公庙，把关公的塑像供

奉起来，谁有什么愿望就去拜拜关公。所以对老百姓而言，关公简直就是神一样的存在。下面我们来讲讲关公是凭什么被老百姓封神的。

成语故事

东汉末年，爆发了大型农民起义——黄巾起义，乱世之中，涌现了多股势力。丞相曹操以天子的名义征讨四方，汉室后人刘备也不断扩充实力。刘备手下有关羽和张飞两位猛将，他们三人还是结拜兄弟，感情十分深厚。

一次，刘备的军队被曹操击败，刘备、关羽、张飞失散，其中刘备投奔了袁绍，关羽带着刘备的家眷被曹军包围。曹操欣赏关羽的才华，不愿杀掉关羽，希望招降他。关羽思前想后，为了保护兄嫂，同意暂时归降曹操，但提出了三点要求：一是降汉不降曹，二是要确保刘备的家眷安全，三是一旦有了刘备的消息要立即离去，曹操不能阻拦。

曹操爱才心切，只得同意，但其实希望通过自己的努力，赢得关羽的真心归降。在"归降"的日子里，关羽受到了极高的待遇，被封为汉寿亭侯，还被赐予"赤兔马"。关羽也有所报答，为曹军立下大功。就在这时，关羽突然得到了刘备的消息，他立即向曹操请辞，但曹操避而不见。最后，关羽只能不辞而别。由于没有得到曹操的手谕，一路上遭到了层层拦阻。

　　关羽一行人先来到了东岭关。把关将领孔秀带着五百军兵在岭上把守，问关羽要通行证。见关羽拿不出，孔秀就说，如果要过关，必须留下刘备的家人做人质。关羽大怒，举刀就杀。孔秀鸣鼓聚军，披挂上马，大喝一声："你敢过去么！"关公纵马提刀，也不答话，直取孔秀。两马相交，只一个回合，孔秀就死了。士兵们一看吓得都要逃走，关公喊住他们说："不要怕，与你们无关，我不得已才杀了孔秀，请你们传话给曹操。"军士们都在马前下拜。

　　随后，关羽往洛阳进发。洛阳太守韩福派牙将孟坦出马，抡着双刀来战关羽。关羽拍马来迎。孟坦战了不到三个回合，拨回马便走，想引诱关羽中埋伏，没想到关羽马快，早已赶上，只一刀，就杀了孟坦。关羽勒马回来。韩福躲在门后放冷箭，射中了关公左臂。关羽用口拔出箭，血流不止，他忍着痛飞马奔向韩福，冲散众军，手起刀落，杀了韩福。关羽怕遭人暗算，不敢久住，连夜前往汜水关。

　　把关将领卞喜在镇国寺中埋伏下刀斧手二百多人，打算引诱关羽入寺。卞喜亲自出关迎接关羽，说非常欣赏关羽，还说他杀孔秀和韩福杀得对。关公很高兴，大家一同来到镇国寺。寺里有个僧人是关羽的同乡，给关羽使眼色，暗示他卞喜有诡计。关羽也看见有人带着刀斧，就大声呵斥："我以为你是个好人，没想到你敢这样！"卞喜知道败露了，大叫："快动手！"那些乔装的刀斧手就要来砍关羽，却全都被关羽拔剑砍回去。卞喜想逃走，关羽丢了剑拿了大刀来赶。卞喜使出流星锤打关羽，关羽用刀隔开锤，赶过去，一刀杀了卞喜，一行人奔荥阳而去。

　　荥阳太守王植与韩福是亲家，他早计划好如何暗害关羽。等关羽到了，王植出关喜笑相迎，并且请关羽等人到安排好的旅馆住。关羽见王植盛情相邀，就在旅馆休息用餐。王植悄悄让手下胡班带领一千人马围住旅馆，计划等到半夜就放火烧死关羽。胡班领命，准备妥当。这胡班早就听说关羽是个英雄人物，很想一睹风采，就偷偷到窗外看，见关羽果然英姿神伟。关羽发现胡班偷看，并不生气，两人还聊了起来。得知胡班的父亲是关羽的朋友，胡班就把王植的秘密计划告诉了关羽。关羽大惊，赶忙披挂提刀上马，请兄嫂上车，来到城边。胡班已经把城门打开，关羽谢过后

连忙赶路。没走几里，背后火把照耀，有人马追赶。王植大叫："关某休走！"关公勒马大骂："小人！我与你无仇，你竟然要放火烧我！"王植拍马挺枪，直奔关羽，却被关羽一刀杀死，随从人马皆散。

关羽一行到了黄河渡口，大将秦琪带着军队出来阻拦，两人话不投机，秦琪大怒，纵马提刀，直取关羽。二马相交，只一个回合，秦琪死了。关羽说："阻挡我的人已经死了，剩下的人别怕，速备船只，送我渡河。"军士们急忙撑船过来，关公请兄嫂上船渡河。渡过黄河，便是袁绍的地盘，总算安全了。

就这样，关羽过了五个关口，斩杀了曹操六员大将，把刘备的家眷安全护送到目的地。后人用"过五关，斩六将"来比喻克服重重困难。

头脑风暴

小朋友，故事讲完了，我们来做个头脑风暴吧——关羽常常一个回合就手刃敌人，他怎么这么神勇呢？

其实呢，小说的作者虚构了一些情节来衬托人物的高大形象。不过历史上的关羽确实也是勇猛非常，他的勇敢来自他的忠肝义胆，只是一个保护兄嫂的信念，就足以让他过五关斩六将。这也是老百姓喜爱关羽、愿意将其封神的原因吧。

三头六臂

哪吒大战孙悟空，谁赢了？

成语 三头六臂

含义 三个脑袋，六条手臂。比喻神通广大，有超凡的本领。

智慧热身

小朋友，你知道《西游记》里，有三个脑袋和六条胳膊的神仙是谁吗？

很多小朋友已经脱口而出了，对，是哪吒。哪吒是神仙托塔李天王的第三个儿子，人称哪吒三太子。我们今天要讲的，就是"三头六臂"的哪吒大战孙悟空的故事。

成语故事

　　孙悟空因为玉帝只封他做了个卑微的"弼马温"小官，一怒之下回到花果山，干脆自封为"齐天大圣"，意为自己的本事与天一样高。玉帝听说孙悟空擅离职守，就封托塔天王为降魔大元帅，哪吒三太子为三坛海会大神，命令他们兴师下界，去讨伐桀骜不驯的孙悟空。

　　李天王与哪吒点起三军，来到花果山前安营扎寨。由巨灵神率先去挑战孙悟空。巨灵神使一把宣花斧，孙悟空用一条如意金箍棒，两人打了几个回合，孙悟空就占了上风，把巨灵神的斧柄打做两截，巨灵神败下阵来。

　　李天王大怒，要斩败将巨灵神，这时闪出哪吒三太子说："父王息怒，先饶了巨灵神，让我试试看孙悟空有多大本领。"

　　哪吒穿戴好盔甲，前去挑战。孙悟空一看，怎么来了个面貌俊秀的小男孩儿？他虽然带着兵器，但身材瘦小，比起刚才的大块头巨灵神可显得弱不禁风多啦。

　　孙悟空上前问："你是谁家的小孩儿？"

　　哪吒大声说："我是托塔李天王的三太子哪吒，今奉玉帝旨意，来这里抓你！"

　　孙悟空笑话他说："小太子，你的乳牙还没掉完，怎么敢说这种大话？我先不打你，你去告诉玉帝，要封我做官就封我这旌

旗上的字号，不然我就要打上他的灵霄宝殿！"

哪吒抬头一看，旗子上写的是"齐天大圣"四个字，就说："这猴子能有多大神通，敢叫这个名号？先吃我一剑！"

孙悟空笑嘻嘻地说："我看你年纪小，怕人说我欺负你，我站着不动，任你砍我几剑吧。"

哪吒听了很生气，大喝一声"变！"，就变做三头六臂，三张脸都是恶狠狠的，六只手拿着六种兵器，分别是斩妖剑、砍妖刀、缚妖索、降妖杵、绣球儿、火轮儿，丫丫叉叉，扑上来就打。

孙悟空见了，心里一惊："你这小孩儿倒也有些本领，来看我的！"他也叫了声"变！"，变做三头六臂，把金箍棒晃一晃，变做三条，六只手拿着三条棒架住。他们俩这场争斗，打得真是地动山摇。

斩妖剑闪着锋芒，砍妖刀劈得凶狠，缚妖索像蟒蛇一样飞舞自如，降妖杵像榔头一样厚重结实，绣球滚来滚去像流星一样让人眼花缭乱，火轮风驰电掣喷着火盘旋攻击。这六样兵器，被哪一件碰着都非死即伤。孙大圣使三条金箍棒，前遮后挡巧妙地避开。两人苦争数个回合难分高下。三太子不肯罢休，把六件兵器变成百千万亿件照孙悟空丢去。孙悟空翻腾铁棒，以一化千，以千化万，招招都解得漂亮，一时间兵器满空乱舞。远处观战的小猴有的吓得不敢看，有的为美猴王拍手助威，有的看得心驰神往，想学又学不来，急得抓耳挠腮。

三太子与孙大圣各显神通，打斗了三十回合。哪吒的六件兵器变了千千万万，孙悟空的金箍棒也变了万万千千，打在半空中似雨点流星，二人也不分胜负。孙悟空一边打一边想了个坏主意，他眼疾手快，趁着数不清的兵器交接混乱之时，拔下一根毫毛，叫声"变！"，就变做他自己的样子，手拿着金箍棒，继续跟哪吒打斗，而他的真身用了个隐身法悄悄一纵，跳到哪吒身后，往哪吒左胳膊上重重地打了一棒。哪吒正在专心用法术变化兵器，只听得棒子带着呼呼风响，想躲闪却措手不及，于是被打伤了。哪吒只好收了法术和六件兵器，败阵而回。

头脑风暴

　　小朋友，故事讲完了，我们来做个头脑风暴吧——哪吒大战孙悟空，谁赢了？

　　可能你要说，哪吒纵然有三头六臂，还不是让孙悟空打败了。是的，哪吒大战孙悟空，结果是孙悟空赢了。不过你有没有注意到，孙悟空其实是使诈钻空子才赢了的。如果他继续认真打，谁输谁赢还说不定呢。假如你读了整本《西游记》，会发现后来孙悟空跟唐僧去西天取经时遇到了牛魔王，怎么打也打不过，还是哪吒用风火轮帮他降服了牛魔王呢。

成语游戏

爱写诗的数字娃娃

你拍一，我拍一，一个小孩坐飞机。

你拍二，我拍二，两个小孩丢手绢。

你拍三，我拍三，三个小孩爬高山。

你拍四，我拍四，四个小孩写大字。

……

小朋友，这么好玩的数字歌，你有没有边拍手边念过呢？

除了数字歌，数字娃娃还爱写诗，把自己也写进诗里。请你填一填下面空缺的诗句，看看从一到十这些数字娃娃们都藏在哪里。

＿＿＿＿＿＿＿，春风送暖入屠苏。

新年都未有芳华，＿＿＿＿＿＿＿。

故人西辞黄鹤楼，＿＿＿＿＿＿＿。

＿＿＿＿＿＿＿，千朵万朵压枝低。

绿因不减来时路，＿＿＿＿＿＿＿。

＿＿＿＿＿＿＿，风光不与四时同。

＿＿＿＿＿＿＿，两三点雨山前。

＿＿＿＿＿＿＿，卷我屋上三重茅。

飞流直下三千尺，＿＿＿＿＿＿＿。

＿＿＿＿＿＿＿，多少楼台烟雨中。

数字七的成语

七步成诗

才思可以拿来救命吗？

成语 七步成诗

含义 走完七步就能作成诗，形容文思敏捷。

智慧热身

　　小朋友，你还记得大才子司马相如吗？在"家徒四壁"那一篇，我们说过历史上有才之人灿若群星，今天我们再来摘一颗星，讲另一个大才子的故事。

　　他出身显赫，文采不凡，但是命运可悲可叹，他就是东汉建安时期最负盛名的诗人——曹植。

成语故事

曹植是曹操的儿子，对，就是那个"挟天子以令诸侯"的曹操。有这样一个乱世枭雄的父亲，曹植的出身地位可见一斑。

曹植自幼聪慧，十多岁便能诵读数十万字的诗、文、辞赋，出言为论，下笔成章。公元210年，曹操兴建铜雀台，十九岁的曹植写出《铜雀台赋》，曹操大为赞赏，封他为平原侯，还认为他将来"可定大事"，所以几次想要立他为世子。

然而曹植似乎对政治不感兴趣，他专爱结交舞文弄墨的文学之士。曹植还饮酒不节，行为放任，他酒醉后竟然乘马车驶入皇帝的御道，一派狂士的样子。曹操大为震怒，认为曹植不懂尊卑、不知进退，对他很失望，宠爱也渐渐少了。

曹操还有一个儿子，是曹植的哥哥，叫曹丕。他文武双全，一直追随曹操征战，特别会察言观色，很注意在曹操面前树立自己的形象，曹操很满意。曹丕的身边都是能臣武将，而且曹丕年长，符合自古以来"立长"的传统，所以曹丕在立储斗争中逐渐占了上风。公元217年，曹丕被立为世子。

三年后，曹操病逝，曹丕继承了魏王的封号。不久，大权在握的曹丕逼迫汉献帝让位，他自己登上帝位，改国号为魏，曹丕就是历史上的魏文帝。

当了皇帝后，曹丕唯恐几个弟弟与他争夺皇位，便先下手为强，

夺了二弟曹彰的兵权，又逼四弟曹熊上吊。曾经是他劲敌的曹植自然备受迫害，生活从此发生了根本性的改变。在曹丕的猜忌下，曹植从一个生活无忧无虑的贵公子，变成了处处受限制和被打击的对象。

一次，曹植因为喝酒骂人，还把曹丕派去的使者扣押起来，被人告发了。曹丕很想治曹植一个死罪，但是曹植并没有招兵买马，要以阴谋反叛的罪名处罚也不能服众，曹丕便想出个"七步成诗"的办法来。

曹丕把曹植召到都城洛阳，指着大殿上一幅"两牛相斗于墙下，一牛坠井而死"的水墨画，命曹植在七步之内作一首诗，但诗中不许提到"二牛斗墙下，一牛坠井死"的字样，如果作不出来就要从重处罚他。

曹植答应了，还没走完七步就作成一首诗："两肉齐道行，头上戴凹骨。相遇块山下，欻起相搪突。二敌不俱刚，一肉卧土窟。非是力不如，盛气不泄毕。"曹丕和群臣都惊叹曹植才思敏捷。

曹丕看一计不成，又说："七步成诗还慢，要你应声而作。"

曹植说："请命题。"

曹丕说："你我是兄弟，以此为题，但不许提'兄弟'字样。"

曹丕心想，作成也就罢了，作不成就治你个欺君之罪。

没想到曹植不假思索，应声赋诗：

> 煮豆持作羹，
>
> 漉菽以为汁。
>
> 其在釜下燃，

豆在釜中泣。

本自同根生，

相煎何太急！

诗中的"煮豆燃萁"指的是煮了豆子，把剩下的外壳豆荚部分作燃料烧掉，用豆萁烧豆子，这是个比喻，意为手足相残。曹丕听后不觉心有所动，面露惭色，于是不再起杀心，只把曹植贬为安乡侯。

曹植以其超群的文才逃过一劫。后世的人们常用"煮豆燃萁""相煎何急"来比喻兄弟相残，"七步成诗"则用于形容人文思敏捷。人们爱惜曹植的才华，同情他的遭遇，七步成诗的故事流传至今。

> 本是同根生
> 相煎何太急

头脑风暴

　　小朋友，故事讲完了，我们来做个头脑风暴吧——才思可以拿来救命吗？

　　七步诗虽然救了曹植一命，但他的处境并没有得到本质好转。后来，曹植的侄子魏明帝即位，魏国仍然奉行对宗室严格限制的政策，曹植也仍然没有机会从政，最终在郁郁寡欢中死去，终年只有四十岁。

　　假如曹植继承了王位，他可以在政治上有所建树吗？有人认为，以曹植的行为做派来看，他是一个极好的诗人，但不一定可以做个好皇帝。当然，也有人说正因为曹植在政治上不得志，行为才越来越放诞。

　　小朋友，请你来说说你的看法吧。

七尺之躯

全身心都在学习是什么样?

成语 七尺之躯

含义 躯,指身体,七尺之躯指成年男性的身躯。

智慧热身

　　春秋战国时期出现了百家争鸣的局面,涌现出很多学派的学术思想,其中儒家思想成了后世的正统思想。

　　儒家学派的代表人物是孔子和孟子,我们讲过孔子韦编三绝和孟母三迁的成语故事。今天再介绍一位儒家学者——荀子。荀子生活在战国时代,比孔子和孟子要晚,他继承和发扬了孔孟的思想,也成了地位崇高的一代大儒。荀子留下了数万字的著作《荀子》,书里论述了很多他的真知灼见。接下来要讲的成语"七尺之躯"就出自《荀子》一书。

成语故事

《荀子·劝学》里说："小人之学也，入乎耳，出乎口，口耳之间，则四寸耳，曷足以美七尺之躯哉！"这段话的意思是：小人式的学习，从耳朵里刚听进去，嘴里就说出来了。嘴和耳朵之间不过四寸的距离，这种还远远没理解的学习，如何能滋养人的品格呢？

"七尺之躯"本指人的身体。今天的一尺约33.3厘米，但是在荀子生活的战国时期，一尺约23.1厘米，所以七尺差不多是成年男子的身高。后来人们就用"七尺之躯"代指男子的身体或男子的生命和人格。在这段话里我们理解为品格就可以了。

> 身高七尺
> 我成年了

《劝学》是荀子论述学习理论和方法的一篇文章。荀子特别注重学习，讲究态度和方法。他认为学习不仅要用耳朵听，更要

用心记，还要渗透在一举一动之间，因为即使是细小的一言一行，都可以体现出一个人的学识和修养。君子做学问就应当全身心地投入，充分地理解和体会，这样才能被所学的内容滋养。

古代把有道德品质和高尚情操的人称为君子，与此相对的就是小人。荀子说小人之学，是在批判一种不良的学习态度。小人学习了新知识，耳朵刚听到，头脑还没进行思考分析，嘴巴就立刻说出来，这样夸夸其谈对人的品格修养有害无益。口耳之间距离太短，没有充分消化的时间，这种学习不经理解，我们后来也称这样的学习叫口耳之学，用来形容人没有真正的学识。

荀子批评的这种有害的学习，在今天也并不少见。很多人学习起来匆匆忙忙，走马观花，恨不能顷刻间满腹经纶。有些人可能是为了夸夸其谈、装点门面，更多人则是被信息社会的快节奏裹挟着，来不及思考，来不及消化。人们每天接触多到爆炸的信息，短时间内全部获取几乎不可能，心就浮躁起来，最基本的阅读似乎都变难了，后面的理解消化吸收就更困难了。有人甚至连阅读一千个字的时间都觉得漫长。因此，对现代人来说，静下心来，锁定自己需要的信息，投入其中，充分理解，这个过程更加难能可贵。

小朋友，你每天的学习时间有多久，是否经过了用心思考？是否可以把所学的知识体现在行动中？如果你正是这样做的，那要给你一个大大的赞，原来你跟大思想家荀子想的一样！如果你还没有这样做，那也要恭喜你，因为从现在起你获得了一个改变学习方式的机会，可以在听完故事后就付诸行动，比如，上网去

查一查荀子的《劝学》全篇都说了些什么，你认为他哪些说的有道理，可以在现实生活中运用起来。再比如，从下一次学习起，开始认真听，用心记，勤于思考，不断地让知识沉淀，变为己用。

头脑风暴

小朋友，故事讲完了，我们来做个头脑风暴吧——全身心都在学习是什么样？

现代社会信息量如此庞杂，干扰因素如此之多，我们是不是退回到荀子的时代比较好？那时没有电脑手机，人们一定更能静心学习吧？如果是这样，那个时代岂不到处是君子，荀子就不用批判小人的口耳之学了。

每个时代都有各自的好与坏，机遇和挑战并存。如果我们能充分利用现在的信息便捷，同时全身心地去学习，那真是两全其美了。

七纵七擒

交朋友和树敌人，哪样更好？

成语 七纵七擒

含义 比喻运用策略，使对方心服口服，归顺自己。

智慧热身

三国时期，刘备手下人才济济，有一个人，足智多谋，神机妙算，是刘备的智囊，他就是诸葛亮。

诸葛亮本来在山中隐居，刘备三顾茅庐，花了很多心思才把他请出山。诸葛亮果然不负刘备所望，为蜀汉的建立和发展鞠躬尽瘁。

诸葛亮是智慧、忠心的代表，才能和品格备受后世景仰。关于他的故事很多，比如草船借箭、借东风、空城计，还有一个叫七纵七擒，意思是放了七次，又抓了七次。咦，诸葛亮这葫芦里，卖的是什么药呢？

成语故事

公元 223 年，刘备去世，继位的刘禅无能，蜀汉的大小政务都由丞相诸葛亮操持。

不久，南中地区的蛮族乘机叛乱。诸葛亮率军南征，深入不毛之地，平定乱事。诸葛亮听说叛军中有一位彝族首领名叫孟获，他作战勇敢，意志坚强，而且待人忠厚，在少数民族中很得人心，即使汉族中也有不少人钦佩他。因此，诸葛亮决定以德服人，把孟获争取到自己这边来。

两军第一次交战，诸葛亮布下伏兵，让一支军队假装战败诱敌深入，孟获见蜀兵败退，就不顾一切地追上去，结果闯进埋伏圈被擒。但是孟获不服气，他说："我是不小心才中了你的计！"诸葛亮爽快地放他回去了。

孟获回去以后，筑起了土城，与蜀军隔河相望，他以为天气炎热，瘴气重，蜀军必然不敢渡河。谁知诸葛亮从当地人口中得知了渡河的办法，派人过河截了孟获的粮草，抓了孟获。诸葛亮亲自给孟获松了绑，还好言劝他归顺。孟获傲慢地拒绝了。诸葛亮也不勉强，故意让他参观蜀军营的粮草兵器。孟获观察得很仔细，他直率地说："以前我不知道你们虚实，所以打了败仗，现在看了你们的军营，要赢你并不难！"诸葛亮也不分辨，笑了笑就放孟获回去了。

　　孟获让弟弟孟优带领百余精兵假装去向诸葛亮献宝，想借机里应外合袭击蜀军。诸葛亮早知是计，命人准备好酒好饭款待孟优等人。当夜，孟获带三万人马冲入蜀军，大嚷着要活捉诸葛亮，发现孟优等蛮兵全部烂醉如泥才知上当。原来诸葛亮叫人在酒里下了蒙汗药，类似安眠药。不消说，孟获又被擒了，但他仍不服气，说这次是因为孟优贪杯。于是诸葛亮第三次放了他。

　　孟获为了报仇，借了十万刀牌军，来战蜀兵。孟获穿犀皮甲，骑赤毛牛。刀牌兵赤身裸体，涂着鬼脸，披头散发，像野人一样朝蜀营扑来。诸葛亮却下令关了寨门不去迎战，等到蛮兵没劲儿了，诸葛亮才派兵夹击。孟获逃到一棵树下，见诸葛亮就在附近的车上，便冲过去要打，不料却掉入陷阱里被擒。孟获昂着头说："你用的是诡计！如果你放我回去，下次我一定能赢！"诸葛亮就又一次放了他。

　　当地有很多山洞，洞里住着蛮人，各洞还有洞主。其中有个秃龙洞，孟获躲在了那里，因为通往秃龙洞的路途险恶，路上还有毒泉，谁不小心饮用了毒泉水就会中毒而死。诸葛亮这次也犯了难，正在发愁之时，银冶洞的洞主杨锋捉了孟获，送到蜀军中来，原来是因为诸葛亮曾对杨锋有恩。孟获当然不服，要再与蜀军在银坑洞决战。

　　孟获在银坑洞召集千余人，正在安排要与蜀军决战之时，蜀军已到洞前。孟获大惊，他的妻子祝融氏便领兵出战。祝融氏善用飞刀，身手不凡，很快活捉了两位蜀军大将。第二天，诸葛亮也设计捉了祝融氏，用她换回了两位蜀将。孟获请来会驱赶毒蛇

猛兽的木鹿大王出战。木鹿骑着白象，口念咒语，手里摇着铃铛，赶着一群毒蛇猛兽向蜀军扑来。诸葛亮取出早已准备好的木制巨兽，口里喷火，鼻里冒烟，吓退了蛮兵的怪兽，占领了银坑洞。孟获再一次被擒，但是他说假如诸葛亮能擒他七次，他才真服。诸葛亮也说，如果再被捉住，一定不轻饶。

最后一次，孟获请来了乌戈国主兀突骨带领的藤甲军，与诸葛亮决战。藤甲军身穿油浸过的特制藤甲，刀枪不入，在兀突骨的带领下，一连夺了蜀军七个营寨。再次交战，兀突骨被蜀军引入了一个山谷，只见数十辆黑油车，却不见蜀军踪影。不一会儿山上有乱石滚下封住谷口，无数火把抛下，油车里的火药和干柴被引着，火光冲天，藤甲军大败，孟获第七次被擒。原来，蜀军连失七个营寨一开始就是诸葛亮设的计。

至此，孟获输得心服口服，拜倒在诸葛亮军前。孟获回去以后，说服了各部落全部投降，南中地区重新归蜀汉控制，再无人造反了。

头脑风暴

小朋友，故事讲完了，我们来做个头脑风暴吧——交朋友和树敌人，哪样更好？

诸葛亮七纵七擒孟获，小朋友现在知道是为什么了吗？要提住孟获并处死他是很容易的。交朋友和树敌人，哪样更好呢？智慧过人的诸葛亮用七纵七擒收服了孟获的心，为蜀汉赢得了南方的稳定，也给当地老百姓带来了和平。

七月流火

热得像天上掉火？

成语 七月流火

含义 出自《诗经》，指大火星（即心宿二）西行，夏去秋来，

天气转凉。

智慧热身

今天，我们用公历纪年，如果提到哪一天，可以很准确地说出日子来。那么，古代人用什么日历呢？

古代的日历也有年月日，甚至还可以当天气预报用，这种日历流传到今天还在用，它是农历，也叫夏历，是古人通过观察日月星辰的自然变化创立的。

农历将年划分为二十四节气：

春雨惊春清谷天，

夏满芒夏暑相连。

秋处露秋寒霜降，

冬雪雪冬小大寒。

接下来的成语故事，就跟农历有关。

成语故事

这个成语叫"七月流火"，什么意思呢，是说七月很热，热得像天上掉火吗？让我们先追根溯源，看看它的出处。

七月流火出自《诗经·国风·豳风·七月》："七月流火，九月授衣。一之日觱发，二之日栗烈；无衣无褐，何以卒岁？三之日于耜，四之日举趾。同我妇子，馌彼南亩。田畯至喜。"

这一大篇古文里，有好多我们现在都不再使用的词，不过我们依旧可以猜出它大概的意思：在农历七月，大火星向下行，到了九月，妇女们赶制冬衣。等到一二月时节，寒风凛冽，没有冬衣，如何撑到过春节呢？到了三月，农民们开始修理农具，四月就可以用农具耕田了。我的妻子和孩子，到农田送饭。田畯官看到我们农民在田里劳动，非常高兴。

可以看出，这篇文章是以一个农夫的口吻写的。我们再把关键字拆开看看。这里的"七月"，指的就是农历的七月，大致相当于公历的八月份。"流"指移动，落下。"火"不是我们平时见到的燃烧的火，而是一颗星的名字，即天蝎座 α 星，它是天蝎座里最亮的一颗星，发出火红色的光亮，因此中国古代天文学称

之为"大火"星，又叫心宿二。那么七月流火从字面上看，就是七月的时候大火星落下去。

古人为什么要记录大火星落下这件事呢？

《诗经》的成书年代大约在西周到春秋时期，周成王治下有一个豳国，在今陕西省彬县。豳国很早以前是周民族的农业文化发祥地。那时农历尚未完善，指导农事活动要靠观星。每年夏末，一颗红色的星，端端正正出现在正南方天空。凭着祖传下来的观星经验，豳国的农夫知道夏天结束了，秋天来了，一年中最忙的秋收时节到了。到了七月，农夫又抬头看南天，发现大火星比前些日子又向西落了一些。再过些日子，落得更多。一个月后，再看南天，大火星已坠落到西边地平线上，很低很低，被云雾和山岳遮挡，都看不见了。这个过程就叫"七月流火"。

把这件事记录下来，主要是为了确定农时，指导生产。我们刚才看《诗经》的原文，就出自农夫口中，比如农夫修农具、耕田，农夫的妻儿去给他送饭等场景。

夜观星象
秋天来了

头脑风暴

小朋友，故事讲完了，我们来做个头脑风暴吧——七月流火，是热得像天上掉火吗？

七月流火，并不是热得像天上掉火，正相反，是天气逐渐转凉的意思。

不过，生活中有很多人都用这个词来表示酷暑难耐，因为他们并没听过我们刚才讲的故事，觉得把"流火"理解为炎热更直观简单。而 "流火"的正确解释，其实是坠落的大火星，一颗耀眼的红星，看起来很美。小朋友，你觉得呢？

成语游戏

成语里的大人物

煮豆持作羹，漉豉以为汁。

萁在釜下燃，豆在釜中泣。

本是同根生，相煎何太急。

　　这首《七步诗》是三国时期曹植写的，他用豆萁煎豆子做比喻，来表达对同胞兄弟曹丕残害自己的强烈不满。从这个故事中，衍生出成语"七步成诗"。

　　"七步成诗"讲的是曹植。下面这些带数字的成语典故，又分别和哪些历史大人物有关呢？聪明的小朋友，请你来连连线吧。

一字千金　　　　　　　　　　　孔　子

二桃三士　　　　　　　　　　　关　羽

韦编三绝　　　　　　　　　　　诸葛亮

四面楚歌　　　　　　　　　　　孟　子

不为五斗米折腰　　　　　　　　曹　植

过五关，斩六将　　　　　　　　吕不韦

七擒七纵　　　　　　　　　　　司马迁

才高八斗　　　　　　　　　　　晏　子

九牛一毛　　　　　　　　　　　陶渊明

一曝十寒　　　　　　　　　　　项　羽

数字八的成语

八仙过海

你见过神仙打架吗？

成语　八仙过海

含义　八仙过海，各显神通，比喻各自展示自己特别的本领。

智慧热身

　　在中国民间故事里，关于神仙的有很多。神仙都有超自然的能力，让听故事的我们充满神往。你可能听说过这八位有名的神仙——铁拐李、汉钟离、张果老、吕洞宾、何仙姑、蓝采和、曹国舅、韩湘子，他们合称"八仙"。如果你没听过，那就更好啦，竖起耳朵，马上就有八仙的故事溜进来了。

成语故事

八仙相貌各异，使用的宝贝也不同。

铁拐李相貌丑陋，手拄铁拐。

汉钟离袒胸露腹，摇着一把蒲扇。

张果老鹤发童颜，倒骑着小毛驴。

吕洞宾潇洒倜傥，身佩宝剑。

美丽的何仙姑手捧荷花，满身荷香。

身手轻巧的蓝采和提着花篮。

红袍官服的曹国舅手持玉板。

英俊少年韩湘子吹着长笛。

这一年，蓬莱仙岛上正是牡丹盛开时，白云仙长宴请八仙，在蓬莱阁聚会饮酒，宾主尽欢。

酒酣之际，吕洞宾说："我提议回程时过海不要乘舟，只凭个人的本事，好不好？"

众仙一听，欣然赞同，随后一齐辞别白云仙长，动身而去。

八仙聚到海边，都亮出了自己的法宝。

逍遥闲散的汉钟离，把手中的蒲扇甩开扔到大海里，那扇子大如蒲席，他醉眼惺忪地跳到扇子上，悠哉游哉地向大海深处漂去。

何仙姑将荷花往海里轻轻一推，顿时花瓣盛开，红光四射，仙姑亭亭玉立于荷花中间，清婉动人。

其余神仙也不甘落后，吕洞宾、张果老、曹国舅、蓝采和、韩湘子、铁拐李纷纷将自家宝物扔入海中。海里瞬间出现了各式各样的"船"，真是八仙过海，各显神通。

没想到八仙的宝贝聚在一起，爆发出了巨大的能量，一时间翻江倒海，巨浪滔天，震动了东海龙王的宫殿。东海龙王急忙派出虾兵蟹将去巡查。听说是八仙各施本领在过海，龙王勃然大怒："八仙竟然敢在我的地盘上兴风作浪！"

说罢，龙王就率兵出来叫骂，他坚称八仙是故意胡作非为，八仙据理力争。双方正僵持不下时，龙王太子抢了何仙姑的荷花，说是算作赔罪用的。何仙姑不甘示弱，上前争斗，却因为没了宝物而失利，被抓进了龙宫。其余众仙见状大怒，双方在海里一场恶战。

龙王太子挥舞鱼旗，催动虾兵蟹将，掀起漫海大潮，向八仙淹来。汉钟离摸着大肚子，轻摇蒲扇，只听"呼呼"一阵风就把虾兵蟹将都扇到无影无踪。龙王太子见阵势已破，暗暗施法。海里突然蹿出一条大鱼，张开血盆大口来吞汉钟离。汉钟离急忙摇扇子，那大鱼却毫无惧色，嘴巴越张越大，步步逼近。危急时忽然传来韩湘子悠扬的笛声，大鱼听了，竟然斗志全无，渐渐双眼微合，瘫成一团。

吕洞宾挥剑来斩大鱼，一剑劈下去火星四溅。仔细一看，眼前哪儿是什么大鱼，分明是块大礁石。吕洞宾正在气急，铁拐李却在一旁笑眯眯地说："待我来收拾它！"

只见铁拐李一招手，他那根拐杖"刷"地飞到了手中。铁拐

李一杖打下去，却打在一堆软肉里，再看时礁石已变成一条大章鱼，把拐杖越缠越紧。要不是蓝采和的花篮罩下来，铁拐李也要被八爪章鱼缠住了。原来那大鱼、礁石和章鱼都是龙王太子变的，此时他见花篮当头罩来，忙化作一条海蛇逃走。张果老赶着毛驴急追，眼看就要追上，毛驴却被一只螃蟹咬住蹄子，一声狂叫把张果老抛下驴背。幸亏曹国舅眼明手快，救起了张果老。

　　龙王太子现出原形，张牙舞爪，向众仙猛扑过来。众仙一齐上前，打得龙王太子负伤而逃。东海龙王见太子受伤怒不可遏，请来南海、北海、西海龙王。四海龙王催动三江五湖四海之水掀起惊天巨浪，杀气腾腾地直奔众仙而来。千钧一发之际，忽见金光闪烁，浊浪中闪出一条路来，原来曹国舅的玉板具有避水神力，他怀抱玉板在前开路，众仙在后紧紧跟随，任凭巨浪滔天，却奈何不了他们。四海龙王见此情景，十分恼火，又调动了四海兵将

准备再战。

这时天空中响起了观音菩萨的声音："列位请息怒。"原来这场大战惊动了上天，观音菩萨特地来出面制止。菩萨一来，大家都各自停战，东海龙王放出何仙姑，八仙也各持宝物，乘风破浪，遨游而去。

头脑风暴

小朋友，故事讲完了，我们来做个头脑风暴吧——见到神仙打架，你有什么感想呢？

你认为打架的双方各自有什么做得不合适的地方？如果请你来调停，你会说什么呢？

才高八斗

谢灵运真的很有才吗?

成语 才高八斗

含义 形容一个人文才高超。

智慧热身

大诗人李白在诗歌《梦游天姥吟留别》里写道:"脚著谢公屐,身登青云梯。"说的是他梦到登天姥山时,脚上穿着一种叫谢公屐的鞋子。

谢公屐是什么?顾名思义是谢公的木屐。木屐是木头做的鞋,那谢公又是谁呢?一个巧手的鞋匠吗?

不不不,谢公的名字叫谢灵运,是我国南北朝时的杰出诗人,设计出谢公屐只是他的业余爱好罢了。今天我们要学的成语"才高八斗"就出自谢灵运之口。

他这是在夸谁呢?听完故事你就知道了。

成语故事

　　谢灵运是东晋名臣谢玄的孙子，他出身名门，自幼受到良好教育，才学甚佳。长大后的谢灵运很想在政治上有所作为，但是东晋灭亡后，南朝宋的皇帝渐渐削弱了谢氏一家的特权地位，谢灵运在政治上诸多失意，被权臣排挤到外地。

　　仕途不顺的谢灵运干脆半隐居起来，寄情于山水之间。还记得我们说过，隐士有才能但不做官，专门到风景秀丽的地方隐居，把才华诉诸笔端吗？谢灵运虽然还担任着他不满意的官职，但生活已经堪比隐士了。

　　当时流行玄学思想，玄学讨论的大多是道家思想和佛家哲理。受此影响，当时的文学作品也以玄言诗为主，多是讲道理，平淡枯燥又呆板。直到谢灵运的诗出现才为南朝诗坛带来新的气象。他集中力量刻画山水景物，语言富丽精工，清新自然，并创了文学史上的山水诗一派，影响了后世许多著名的山水诗人，比如孟浩然和王维。

　　为了真实地揭示大自然蕴藏的生机妙趣，谢灵运以探险家的气魄和诗人的热情，亲临深山幽壑，激湍飞瀑。每到一个地方游览后，他就记录下奇观异景，用精致工整的语言刻画山水的秀美，写出了一篇篇优美的山水诗。

　　谢灵运游山玩水时常穿一双木制的钉鞋，上山时取掉前掌的

钉齿，下山时取掉后掌的钉齿，这样上下山格外省力，而且走得稳当。这种木鞋设计巧妙，拆卸方便，广受欢迎，因谢灵运首创，人称"谢公屐"，一直流传于后世，所以我们在李白的诗篇中也看到了关于它的记载。

谢灵运的诗尤其注意形式美，很有艺术感，深受文人雅士的喜爱。诗一写出来，人们就竞相抄录，流传很广。南朝宋文帝也读了谢诗，很赏识谢灵运的文学才能，特地将他召回京城任职，并把他的诗作和书法称为"二宝"，常常要他边侍宴，边写诗作文。

不难看出，谢灵运对美有着高度的鉴赏和追求，同时他也为人轻狂、恃才傲物，就是说他非常自信和骄傲。他曾经一边喝酒一边自叹道："天下才共一石，曹子建独得八斗，我得一斗，自古及今共分一斗。"

论才华

我一人之下，万万人之上

石是一种容量单位，一石等于十斗，谢灵运这话意味着，天下人的才华他都不放在眼里，因为加在一起不过一斗，只有曹子建的文才是八斗，让他由衷折服。

曹子建是谁？我们恰好听过他的故事，他就是那个写七步诗救了自己一命的曹植。因为谢灵运夸赞曹植的这番话，后世便称才学出众的人为"才高八斗"。

曹植固然才华盖世，但是谢灵运那样的说法，推崇曹植之余，也暗暗讽刺世人的才学，打击了一大片，真的很高傲。谢灵运的这种态度，让他总有愤愤不平之意，觉得自己不被重用，他的行为也越来越放荡不羁，最后因为被人告发谋反而被朝廷处死，年仅四十九岁。

头脑风暴

小朋友，故事讲完了，我们来做个头脑风暴吧——谢灵运真的很有才吗？

是的，他诗词歌赋样样精通，连"诗仙"李白都自愧不如地说"吾人咏歌，独惭康乐"。康乐是谢灵运世袭的爵位名称，在这里指代谢灵运，李白的意思是论起吟诗作赋我比不上谢灵运的才华，可见要说谢灵运有一斗之才，那是绰绰有余的。他的诗比较难读，等小朋友长大了，可以自己去鉴赏一下他的文才。

成语游戏

寻找"小尾巴"

一个人有学问，叫作"才高八斗，学富五车"。遇到困难或问题，大家各自拿出本领或想出办法来解决，叫作"八仙过海，各显神通"。小朋友，你有没有发现，两个四字连在一起使用，这种浓缩而精炼的复句式结构，给语言的表达增添了许多魅力呢。

数字们晕头转向，因为前面的半句话，找不到它后面的"小尾巴"了，真着急。话只说了一半怎么行？聪明的小朋友，请你给它们带带路，用连线的方式，帮它们找到彼此吧。

一夫当关	百年树人
二人同心	五谷不分
三天打鱼	溃于蚁穴
四体不勤	其利断金
麻雀虽小	万夫莫开
眼观六路	五脏俱全
十年树木	两天晒网
八公山上	千万买邻
百尺竿头	更进一步
千里之堤	耳听八方
百万买宅	草木皆兵

数字九的成语

九牛二虎

沉香靠什么救出了母亲?

成语 九牛二虎

含义 比喻费了很大的力气才做成一件事。

智慧热身

如果让你选出一个力气最大的动物,你最先想到哪一个?大象?鲸鱼?没错,这两种动物的力气都很大。

如果让古人来选,他们最先会想到牛,比如古人形容一个人有力气,会说力大如牛。古人还会想到百兽之王老虎,比如以能打老虎来说明一个人有勇气,我们最熟悉的故事莫过于武松打虎了。

如果谁同时拥有牛加上老虎的力气,那会怎么样呢?下面这

个故事里的主人公就有九牛二虎之力，他是个大力士吗？听完故事你就知道了。

成语故事

这是一个民间故事，主人公是个小朋友，名叫沉香。

他从小跟父亲刘玺生活在一起，从没见过自己的母亲。看到别的小朋友都有母亲疼爱，小沉香心里很难过，很多次问起母亲去哪儿了，父亲都支支吾吾地搪塞过去。直到沉香十岁那年，父亲才告诉他，原来他母亲是天上的神仙，叫三圣母，现在被压在华山下面。要知道，刘玺是个凡人，凡人是不允许跟神仙结婚的，但是他跟三圣母恰恰相爱了。

当年刘玺进京赶考，路过华山上的神庙。这座庙里供的神仙就是三圣母。刘玺走进庙里，对着三圣母拜了又拜，希望她能保佑自己考中。拜完后，刘玺就离开了。谁知刚出了庙门不远，刘玺就被毒蛇精咬伤，命悬一线。善良的三圣母化身民女三娘日夜看护，救活了刘玺。

在养伤的日子里，他们相爱了。三娘知道天条禁令，但是禁令挡不住爱，她还是选择与刘玺结为夫妻。刘玺考期将近，三娘已经怀孕，两人依依惜别时，刘玺送给三娘一块祖传的沉香，两人决定给孩子取名沉香。

刘玺考中了进士，去接三娘时，发现她已经不知去向。原来

天上的神仙知道了三娘违反天条的事情，派三娘的哥哥二郎神抓她回去受罚。三娘随身有一件王母娘娘赐的宝物，叫宝莲灯，这是镇山之宝，无论神仙妖魔，谁都不能奈何宝莲灯的法力。二郎神自知不是宝莲灯的对手，就让坐骑哮天犬趁三娘休息时偷走了宝莲灯。没了法力的三娘被二郎神压在了华山下。三娘在暗无天日的山洞里生下了沉香。华山附近的小山神同情三娘的遭遇，帮着三娘偷偷把沉香送到了刘玺那里，这样小沉香才得以在父亲身边长大。

沉香知道了自己的身世，更加想念母亲，他决心要上华山救母。沉香把想法告诉了父亲，却遭到了阻拦。父亲认为沉香年纪小，又没有法力，是不可能撼动华山的。但是沉香救母的心毫不动摇，他给父亲留下一封信，就独自离家去往华山了。

沉香历尽千辛万苦，终于走到了华山，可是却不知从何处下手，他急得放声大哭。哭声惊动了神仙吕洞宾，对，就是八仙之一吕洞宾。吕洞宾本来就对那项人神不能相爱的天条不满，此时看到沉香一片孝心，决定要帮助他。

吕洞宾对沉香说：“你舅舅二郎神武艺高强，你小小年纪，岂是他的对手？”

沉香攥着小拳头说：“为了救我母亲，哪怕粉身碎骨，也要和他较量一番！”

“有志气！”吕洞宾说，“我愿给你传授武艺。”沉香听罢，满心欢喜，急忙上前跪拜师父。从此，沉香便在吕洞宾门下学艺。

沉香每天起早贪黑精心学练，十八般武艺，样样精通。师父

还教了他神仙法术。一天，师父外出，嘱咐沉香在家好好习艺。沉香关了门用心练习，午饭时，不见师父回来，他就继续练，一直练到太阳偏西，肚子实在饿得不行了，才去厨房做饭。

他进了厨房，发现锅里有用面做的九头牛和两只虎，觉得有些奇怪，但饥饿难忍，顾不得许多，就一口气吃完了九牛二虎，马上觉得力大无比。来到院中拿起平时用的武器，轻飘飘地不应手。他东张西望，见墙角放着一把八尺长的铁斧，用手一抓，不轻不重便挥舞起来。

正在这时，师父回来了，他哈哈大笑说："好了！好了！"沉香收起铁斧，双膝跪下，师父对他说："你的武艺学成了，可以上山救母了。"沉香便提着铁斧，上山去找二郎神。

后来，沉香经过一场大战，靠着救母的决心打败了舅舅，夺回了宝莲灯，用斧子劈开华山，救出三圣母。玉皇大帝也为沉香一家的相亲相爱所感动，允许他们生活在一起。

劈

头脑风暴

　　小朋友，故事讲完了，我们来做个头脑风暴吧——沉香靠什么救出了母亲？

　　是他对母亲的爱。爱让沉香感动了神仙，才有机会学习法术；爱让沉香勤学苦练，才拥有了九牛二虎之力；爱让沉香费尽九牛二虎之力，才救出了母亲。其实九牛二虎之力也不是什么神力，而是每个普通人都可以有的、拼尽全力的决心。

九牛一毛

司马迁为什么能写出《史记》？

成语 九牛一毛

含义 许多牛身上失掉一根毛，比喻无足轻重。

智慧热身

小朋友，你现在听到的成语故事，很多都取材于历史，参考了不少历史资料，比如《史记》。

《史记》记载了从上古时代的黄帝到西汉的汉武帝期间三千多年的历史，是我国第一部纪传体通史，作者是司马迁。"纪传体"是一种编写体例，意思是每一章围绕一个中心人物展开来写。"通史"就是按照时间顺序从古至今写的历史。《史记》对后世史学和文学的发展都产生了深远影响，那么，司马迁是如何创作出这部伟大著作的呢？

成语故事

司马迁出生在一个史学世家，他的父亲司马谈是国家的太史令，掌管与编写史书相关的工作。

年幼的司马迁在父亲的指导下习字读书，十岁时就能诵读《左传》《尚书》等古文典籍，二十岁时已经学有小成。之后，司马迁开始游历天下，到各地搜集整理资料，记录旧事传说，与自己已有的历史知识印证对照。这样一来，司马迁获得了许多历史资料，增长了见识，开阔了眼界。

司马迁三十六岁时，他父亲因病去世了。临终前，父亲拉着司马迁的手，遗憾地说："我有一个毕生的心愿未了，那就是写一部通史，你可以帮我实现这个心愿吗？"司马迁含泪点头。不久，他继承父亲的官职，做了太史令，之后阅读了大量史料，进一步丰富了史学知识。

公元前99年，汉武帝派将军李陵领兵征讨匈奴，因为寡不敌众，李陵被匈奴俘虏了，但是有传言说李陵是主动投降匈奴的。汉武帝龙颜大怒，满朝文武也随声附和，责骂李陵。

司马迁和李陵是好朋友，他很清楚李陵的为人。在一片谩骂声中，只有司马迁耿直地说："李陵只有五千步兵，却被匈奴八万骑兵围困，但他还是连打了十几天仗，杀了一万多敌人，最后因粮尽箭完，归路又被截断，才停止战斗。依我看，李陵不是真投降，

而是活下来伺机报国的。"司马迁分析得有理有据，然而忠言逆耳，汉武帝听后怒气更盛，将司马迁关进监狱里。

　　第二年，汉武帝派人去调查李陵事件，但是那个人在没有仔细验证的情况下，传回了错误消息，说李陵确实投降了。汉武帝十分生气，杀了李陵的家人，还准备把司马迁处以宫刑。

　　在古代，宫刑是奇耻大辱，不仅仅意味着身体的摧残，也是精神上的巨大打击。多年后，司马迁在写给友人的信里，详述了他当年的思想历程，"假令仆伏法受诛，若九牛亡一毛，与蝼蚁何异？"意思是，如果我选择了受死，就好像许多头牛身上少了一根毛一样微不足道，我的死又有什么意义呢？生命是最宝贵的，因而活出意义才尤为重要。

　　后来，李陵一案水落石出，汉武帝得知当年误信了假消息，

就让司马迁出狱做了中书令。此时司马迁已经五十岁了，他没有忘记自己忍辱偷生的意义所在，开始创作《史记》。司马迁写了将近 53 万字，完成了这部旷世巨著。因为他的实录，后人才有幸跟随一个个鲜活的历史人物，体验那些惊心动魄的故事。司马迁也因此成为历史舞台上一个重要人物，活出了他的生命意义。

司马迁所说的"九牛亡一毛"被后人改成"九牛一毛"这句成语，用来比喻某种东西是极多数里面的极少部分，微不足道，好像许多头牛身上的一根毛一样。

头脑风暴

小朋友，故事讲完了，我们来做个头脑风暴吧——司马迁为什么能写出《史记》，现在你知道了吗？

司马迁的个人才华，父亲的教诲，他早年的游历生涯，做太史令期间的博览群书，这些都是他取得成就的因素。最为重要的是，司马迁在逆境中隐忍与发奋的精神之光，他对生命意义的理解和追寻，穿越千年，依然照亮后来者的路。

九仞一篑

成功和失败，为何就差这一筐土？

成语 九仞一篑

含义 为山九仞，功亏一篑，比喻做事情只差最后一点却没能完成，结果功败垂成。

智慧热身

小朋友，你有没有过这种体验：做一件事，眼看到最后了，但就是没能完成，为什么呢？可能是没时间了，可能是没机会了，可能是偷懒了，总之啊，很多种可能。

那时，你又会有怎样的感觉？生气？遗憾？懊悔？这些都不是积极正向的感觉，你肯定不会希望再体验一次。

怎么尽可能避免这种事发生呢？或者说，这样的事给人什么启示呢？我们先来听个故事，看看主人公为什么落得那样的结果。这个故事记载在古籍《尚书》里。《尚书》记录的都是上古时期的事，年代久远，所以主人公是谁我们也不知道，只好叫他"有个人"。

成语故事

古时候，有个人立志要造一座九仞高的山。

仞是古代的一种长度单位，一仞是七尺。至于这个人为什么要给自己找这么个工作来做，我也不知道。也许在古人看来，山是很雄伟的象征，能造出一座山来，是一件很了不起的事吧。

这个人为了造山，废寝忘食地从远处挖土，用竹筐挑到目的地，再堆到山包上。他每天天刚亮就开工，一直干到天黑才收工。挖呀挖，远处的土挖光了，就到更远处去挖。堆呀堆，全都堆到小山包。就这样挖呀堆呀，不论严寒酷暑，干了一年又一年，小山包渐渐变高，半人高，一人高，几人高。

这一天，他如往常一样，鸡一叫就起床，挑着两只竹筐，一筐又一筐，往返地挖土堆土，眼看着山就要有九仞高，只差一筐土的工夫了。

这时天公不作美，下起雪来，雪越下越紧。他抬头看看阴沉沉的天，又摸摸自己饿瘪的肚子，不禁想：只剩一筐土就堆完了，这天又阴又冷的，不如先回家吃饭吧。所以，他就回家去饱饱地吃了一顿饭，还美美地睡了一觉。一觉醒来，天已经黑了，他想：天黑了也不好再开工，反正只差一筐土，明天再干吧。

第二天早上，他在鸡叫声中睁开眼睛，却没有立刻起床。躺在热被窝里好舒服啊，他这样想着，连年辛劳还没有赖过一次床，

今天晚起一次也没关系吧，只差一筐土，等有空一下子就干完了。于是他倒头继续睡，再醒来已经快中午了。

窗外，天依旧阴沉，雪还在下，白茫茫一片。"等雪停了再开工吧，"他自言自语，"何必冒着大雪，做那一点点工作呢？"他在家待了一天，无所事事。晚上临睡前，他把头伸出窗外瞧了瞧，雪还在下。

反正只差一筐土，明天再干吧

第三天早上，他朦胧醒来，赖在被窝里想：雪不会立刻就停的，再睡一次懒觉好了。其实雪早就停了，他却一直睡到日上三竿。起床后，他以雪太厚为借口不想出门干活。等雪化了吧，反正只差一筐土，他这样告诉自己。

后面几天都是晴天，雪很快就化了，道路变得泥泞。他又想：等路面干了好走之后吧，就那一筐土。

此后，他总是找出各种各样的借口偷懒，反正只差一筐土嘛，

要去做很容易的。

　　时光荏苒，他渐渐变老了，腿脚不灵便了，连筐也挑不动了，这一筐土竟然至死也没能堆上，所以那座只差一筐土的九仞山也终究没有造成。

　　这个故事就叫"为山九仞，功亏一篑"，也略写成"九仞一篑"或"功亏一篑"，篑是盛土的筐子，九仞一篑意思就是造九仞山马上就要造成了，只差一筐土没完成，比喻因只差最后一点努力而失败。

头脑风暴

　　小朋友，故事讲完了，我们来做个头脑风暴吧——成功和失败，为何就差这一筐土？

　　这个古人功亏一篑，是因为他不肯付出最后那一点点努力。无论做任何事，都要有始有终，坚持到底，否则，尽管曾经付出过辛苦，也可能因为只差一点点而前功尽弃。

　　当然，如果是因为时间、机会等等不可控制的因素失败，那么只能接受，等待更好的机会。但是是否付出努力，这是我们能掌控的范围，切勿留下九仞一篑的遗憾。

一言九鼎

毛遂为何能说出分量很重的话？

成 语　一言九鼎

含 义　形容说的话分量大，起决定性作用。

智慧热身

　　如果你去过国家历史博物馆，参观到商代文物时，一定会看到一个高大厚重的长方形容器，上面竖着两只直耳，下面有四根圆柱形的支撑，这个容器的名字叫后母戊鼎，是商代青铜器的代表作。

　　你知道鼎是做什么用的吗？它是古代一种煮食物的器皿。你看"鼎"这个象形字，就是根据它的形象演化而来的。可不要小看鼎，因为它后来从一个吃饭的家伙事儿上升为国家权力的象征，这又是怎么回事呢？今天的故事会告诉你缘由。

成语故事

鼎最初是一种炊具，后来人们在祭祀时用它烹饪献祭给神的供品，于是鼎上升为礼器。

传说夏禹曾经铸鼎，来象征九州。自从有了禹铸九鼎的传说，鼎就发展为传国重器。国灭则鼎迁，夏朝灭亡，商朝建立，九鼎迁于商朝都城亳州；商朝灭亡，周朝建立，九鼎又迁于周朝都城镐京。从商至周，都把定都或建立王朝称为"定鼎"。

西周时有个列鼎制度，规定只有周天子才能使用九个鼎，诸侯能用七鼎，卿大夫用五鼎。随着这种等级、身份、地位标志的逐渐演化，鼎逐渐成了王权的象征、国家的重宝。统治者往往以举国之力来铸造大鼎。

秦代以后，鼎的王权象征意义逐渐失去。但是鼎曾经的辉煌在文字中保留下来，人们用"九鼎"比喻非常重的分量。下面这个故事叫"一言九鼎"，一句话分量像九鼎那么重，会是什么话呢？

战国时，秦国的军队包围了赵国的都城邯郸，形势十分危急，赵国国君派平原君到楚国去求援。

平原君是战国四公子之一，养了很多门客，专为关键时刻准备。他打算带领二十名文武兼备的门客前去完成这项使命，已挑了十九名，余下一个名额，怎么也找不到合适的人选。

这时，毛遂自告奋勇提出要去。平原君半信半疑地说："如

果把锥子放在布袋子中，锥子尖一定会露出来。优秀的人才也应该像锥子一样引人注目，不过我以前好像并没怎么听说过您。"平原君言下之意是，平时也没发现你毛遂优秀得像锥子，这种大事带上你，不知道中不中用。

　　毛遂回答说："所以我今天才主动要求被放到布袋子里，如果早放进去了，我早就脱颖而出，整个锥子都刺出来了。"平原君看毛遂口才不错，而且这么自信，就勉强答应带着他一起前往楚国。

　　到了楚国后，平原君立即与楚王商谈援赵之事，谈了半天，楚王也没应允。这时，毛遂带剑上前说："楚赵联合的利害关系，两句话就能说完，怎么说到现在也没结果？"平原君忙介绍说，毛遂是他的门客。

　　楚王怒喝："我和你的主人说话，你来干什么？"

　　毛遂拿着剑说："大王您敢呵斥我，不过是仗着楚国人多，但现在十步之内，大王的性命可在我手里。楚国兵多地广，论实力全天下也没有对手。但是秦国军队居然攻下楚国都城，烧了楚国先王的陵墓，这样肆无忌惮地侮辱楚国，跟楚国结下了大仇，连赵国也为您感到羞辱，难道大王毫无知觉吗？楚赵联合抗秦其实更多是为了楚国，不是赵国。"毛遂一席话说得楚王口服心服，立即答应出兵援赵。

　　平原君回到赵国后，立刻奉毛遂为上宾，并感慨地说："毛先生一至楚，而使赵重于九鼎大吕。"

　　这里平原君用九鼎和大吕来比喻毛遂说的话作用大。此后，

人们用"一言九鼎"形容说出的话很有分量,一言半语就起决定作用。

　　其实这个故事里还藏着两个成语,就是毛遂主动提出要陪同平原君去楚国时的"毛遂自荐",以及毛遂说服平原君时说的像锥子一样"脱颖而出"。毛遂自荐的意思就是自己推荐自己做某项工作,脱颖而出的意思是形容本领显露出来,小朋友你看出来了吗?

头脑风暴

　　小朋友,故事讲完了,我们来做个头脑风暴吧——毛遂为何能说出分量很重的话?

　　毛遂为应对国难，运用自己的智慧和口才，三言两语就挽救了赵国的尊严和利益。他之所以能一言九鼎，是因为一来深刻把握了人性，看透了楚王的心思；二来熟练驾驭游说技能，抓住了说话的重点；三来有着过人的胆识和勇气。还有什么原因吗，小朋友可以想一想。

成语游戏

最尊贵的九

九是最大的单数，而在中国古代文化中，九是个很有讲究的数字，代表着尊贵、崇高、吉祥、数量多等特殊的寓意。比如，皇帝叫"九五之尊"；觐见帝王及祭拜祖先的大礼，有"三拜九叩"之说；就连皇宫墙壁上画的龙，也得不多不少，刚好九条，称作"九龙壁"。

下面的成语，有和"九五之尊"一样，表示出身尊贵、家境富裕的；也有和"一介布衣"一样，表示出身平凡、生活清贫的。请你给它们分分类吧。

村野匹夫　金枝玉叶　家徒四壁

贤身贵体　达官贵人　蓬门荜户

乌衣子弟　白屋寒门　穷根苦苗

龙血凤髓　瓮牖桑枢　名门望族

表示出身尊贵、家境富裕的成语

表示出身平凡、生活清贫的成语

数字十的成语

一目十行

怎样拥有快速阅读的能力？

成语 一目十行

含义 一眼能看十行文字，形容看书的速度很快。

智慧热身

小朋友，你认识的读书读得最快的人是谁？有多快？

历史上颇有一些读书很快的人，甚至还有个成语来形容他们读得快，叫作"一目十行"。对，就是看一眼能读完十行字。

特别厉害，是不是？那么，他们是不是看得又快又准呢？如果是，他们又是怎么做到的呢？

成语故事

　　南朝梁武帝的三儿子，名叫萧纲。他从小聪慧过人，有极高的文学天赋，四岁开始认字读书，六岁时就能写文章，而且语句流畅，文采华美。梁武帝骄傲地称赞他："我这个儿子，快赶上七步成诗的曹植啦！"曹植你一定还记得吧，七步成诗、才高八斗，萧纲要是堪比曹植，那自然也是个厉害人物。

　　据说萧纲非常喜欢读书，而且阅读速度极快。别人需要逐字逐句细嚼慢咽地消化时，他却能够通篇扫一眼，就抓住要害。他对读过的文字还能过目不忘。当时有些学者不信，就亲自来考查萧纲。他们拿出自己写的文章给萧纲看，只让他看一眼，就收了起来，然后要他背出来。萧纲果然流利地背了下来，就连写错的字都能指出来，并加以纠正。在场的人无不惊叹他是少年奇才。

　　随着年龄的增长，萧纲读的书越来越多，阅读的能力也越来越强，读书的速度惊人，能够"十行俱下"。萧纲读遍了各种各样的书籍，学识十分渊博。他尤其喜欢诗词歌赋，下笔成章。后来萧纲继承了王位，史称梁简文帝。

　　无独有偶，《西游记》的作者吴承恩，自幼也聪明好学，能够一目十行，过目成诵。少年时代，吴承恩就因为文才出众而在故乡出了名。三十岁后，他因为博览群书，知道了很多奇闻逸事，萌生了创作的念头。不过因为家贫，他一直没找到创作的机会。

到五十岁左右，他写了《西游记》的前十几回，后来又因故中断了多年，直到晚年辞官后，他才得以正式创作《西游记》。一生穷困的吴承恩，能够写出中国四大名著之一的《西游记》，跟他的阅读能力也是分不开的。

头脑风暴

小朋友，故事讲完了，我们来做个头脑风暴吧——怎样拥有快速阅读的能力？

奇才毕竟是极少数人，普通人并没有这么天赋异禀，但是勤能补拙。除了增加阅读量，一些好的阅读习惯，也可以帮助我们提高阅读速度。比如阅读前看看标题和目录，在心里提几个你最想知道的问题，然后带着问题阅读；阅读时集中注意力；读完后试着写出书中的关键词，整理出全书的脉络，也写出问题的答案。这样，理解能力和记忆力都会提高，阅读速度也就加快啦。读得快，又会读得更多，正向循环就开始了。说不定有一天，你也真的能做到一目十行呢！

一曝十寒

恒心从哪里来？

成语 一曝十寒

含义 比喻学习或工作勤奋的时候少，懒散的时候多，没有恒心。

智慧热身

战国时代，群雄并立，很多诸侯国都有一统天下的野心。与此同时，学术上出现了百家争鸣的景象，各学派都希望自己的学说能够被一位明君采纳，继而成为助其统一的指导思想。

为此，孔子曾经带着弟子周游列国，孟子也有游说齐宋的经历。孟子的命运同孔子类似，虽然没有国君接受他的政治主张，但是其言论和思想被记录下来，汇编成《孟子》一书，对后世产生了深远的影响。

孟子不但有高深的学问、丰富的知识，还很善于用深刻生动的比喻来讲道理。下面我们就来听一个孟子如何讲道理的故事。

成语故事

　　公元前318年，孟子再游齐国。齐国是东方的大国，国力强盛。齐国有个稷下学宫，是当时百家争鸣的学术中心。齐宣王爱才，招揽天下各派文士聚集在稷下学宫讲经论道。孟子德高望重，理所当然地受到了齐宣王的礼遇。

　　一见到孟子，齐宣王就问："您能讲讲齐桓公和晋文公是如何称霸天下的吗？"

　　孟子很坦率地回答："我是孔子门下，对齐桓晋文的霸业一概不知。"

　　孟子是儒家学派的，他反对以武力称霸，主张施行仁政，以民为本。孟子跳开称霸话题，对齐宣王因势利导，阐述了自己的思想，但是齐宣王不以为然。此后，孟子又多次进言，齐宣王有时也认为有道理，但并没有采纳。稷下学宫人才众多，齐宣王听了那么多学派的观点，也许他自己也有点弄不清该听谁的。

　　几年后，燕国发生内乱。齐宣王询问孟子："有人劝我出兵攻占燕国，也有人劝我不要攻占燕国，到底要不要出兵呢？"

　　孟子从民本立场出发，认为要不要攻取燕国，应该看是否顺应民心。如果因此让百姓受苦，那就不应该出兵；如果因此解救百姓于水深火热，那就出兵，但是获胜后务必要行仁政。齐宣王不置可否。

不久，齐国趁乱派军队吞并了燕国。之后，齐王不仅没有行仁政，反而纵容军队败坏军纪，掠夺民财，完全站在了燕国人民的对立面，很快导致燕人叛乱。齐国在赵、魏、秦等诸侯国的压力下被迫撤军，燕国也复国了。此时，齐宣王才想起孟子说的话，感叹不已："唉！惭愧啊！我真是羞于再见孟子。"

齐国伐燕一事，让孟子对齐宣王大为失望，于是他带着学生们离开了齐国。后来有人问，齐王竟然没有听取孟子的意见，怎么那么不明智呢？

孟子回答说："齐王不明智，其实也不足为怪。即使是天下最容易生长的植物，晒一天，再冻十天，它也无法存活。我见齐王的次数很少，即使给了他一些仁义的影响，我一离开，那些与我主张不同的人也会从相反的方向引导他。如此一来，就算齐王有一点仁义之心的萌芽，又能怎么样呢？"

接着，孟子又打了一个生动的比喻："下棋看起来是件小事，但如果不专心致志，也同样学不好，下不赢。奕秋是全国最善下棋的棋手，他教了两个徒弟，其中一个专心致志，处处听奕秋的指导；另一个却注意力分散，老是想着会不会有天鹅飞来，要不要准备好弓箭射天鹅。这两个徒弟是一个师傅教的，一起学的，但是成绩却相差很远。为什么呢？不是因为他们的智力有什么区别，而是专心的程度不一样啊。"

后来，人们把孟子说的"一日暴之，十日寒之"凝缩成"一曝十寒"这个成语，用来比喻那些做事没有恒心，"三天打鱼，两天晒网"的懒惰态度。

头脑风暴

小朋友，故事讲完了，我们来做个头脑风暴吧——恒心从哪里来？

孟子早在两千多年前就已经开始强调持之以恒的道理了，为什么现在还是有人没恒心呢？

我认为，只有当大脑肯定了一件事的重要性，此后不再动摇，恒心的原动力才足够。无奈的是，人常常不知道哪件事对自己最重要，或者做了决定又有所怀疑，所以才会三心二意。就比如齐宣王一下子认为应该听孟子的行仁政，一下子又要听其他学派的。

以上是我的看法，你呢？

成语游戏

数字好兄弟

　　人有十个手指头。年龄小的幼儿在学习数数时，总爱掰着手指头，一个个来数，这样既简单又方便，还特别具象。古人也是一样。人类在很小的时候，也是用数手指头的方式来计数的，慢慢地，还发明了全世界通用的十进制算法呢。

　　"十"是个大哥哥，和很多数字弟弟是好朋友，谁和它组成成语，它都特别欢迎。请你来给数字们组组成语吧，记住，每个成语里，都要有"十"和其他一个数字哟。

拿 九 曝 光 十 目 色 稳 五 寒 一
而 当 立 七 老 有 以 八 室 行 三 空

数字半的成语

半途而废

你知道几个表示没有坚持到底的成语？

成语 半途而废

含义 路走到一半停了下来，比喻事没做完就停止，不能善始善终。

智慧热身

还记得孟子的妈妈特别注重对他的教育吗？《三字经》里有"昔孟母，择邻处，子不学，断机杼"，前六个字就是孟母三迁的故事，后六个字里面也有个小故事：

孟子因为贪玩逃学，孟母得知，就当着他的面把织好的布剪

断了，意思是说，你不好好上学，就跟这被剪了的布一样，不仅前面的功夫全都白费，以后也无可弥补。孟子听后深受震动，此后每当学习倦怠，就会想起那匹被剪断的布。

孟子生活在战国时代，到了东汉时期，有人也因为不好好学习受到了断机杼的教育，不过教育他的不是他妈妈，而是他的妻子。

成语故事

东汉时，河南有个读书人叫乐羊子，他有个贤惠又明事理的妻子。在古代，女性地位不高，史书上尽管记载了这位贤妻的故事，却不知道她姓甚名谁，只叫她乐羊子妻。

有一次，乐羊子在路上走着，发现前面有东西金光闪闪，走近一瞧，竟然是一饼金子。

为什么是一饼金子，而不是一块？因为"饼"是汉朝计量金子的单位。那时人们把金子都弄成饼的形状。正圆形的，称麟趾金，意思是像麒麟的脚趾头；而椭圆形、底下凹进去、中空的，叫马蹄金。

乐羊子看到的是哪一种我们不知道，总之沉甸甸的，可以买很多东西。乐羊子赶紧捡了起来，美滋滋地拿回家，交给他的妻子。家中并不富裕，妻子看到这一饼金子，一定会很开心吧？

谁知，乐羊子妻神情严肃地说："我听说志士不饮盗泉之水，廉者不受嗟来之食，更何况捡到别人丢失的东西据为己有，这不是玷污自己的名声吗？"

"志士不饮盗泉之水，廉者不受嗟来之食"的意思是，有道德的人不喝盗泉的水，有骨气的人不接受带有污辱性的施舍。这里面有两个典故：

第一个典故是，孔子当初赶路经过盗泉的时候，虽然十分口渴，但是因为觉得泉水的名字"盗"字违背自己的原则，辱没节操，就不在泉中取水喝；

第二个典故是，有一年齐国闹饥荒，一个富人想行善，就在路边设了粥摊。远远看见有个逃荒的人都饿得皮包骨了，这个富人就不客气地喊："喂！你！快来吃！"结果那个逃荒者慢慢走过来，抬起眼皮，直直地看着他说："我就是因为不接受这些吆三喝四的吃食，才变成现在这样的。"说话的工夫，逃荒者就走开了。富人一听愣住了，想想觉得很惭愧，太不尊重别人了，于是赶忙捧着粥追上去赔礼道歉，但逃荒者还是没有吃，最终饿死了。

乐羊子妻说这番话，是为了教育乐羊子要有拾金不昧的好品德。乐羊子听了羞愧不已，忙把捡到的金子放回了原处。

此后，乐羊子每天都苦读圣贤书，以期德行和学问都有所进步。不久，他辞别妻子，外出求学。过了不到一年，乐羊子忽然回到了家中。

妻子问："你怎么刚刚学了一年就回来了呢？"

乐羊子说："我在外面待的时间长了，非常想念你，不想去学习了，还是在家守着你更好。"

妻子听后，拿起一把剪刀走到了织布机旁，说："这些丝绸，是把蚕茧抽成丝，再用织布机织，一根丝、一根丝经过长时间的

积累织成寸、成尺、再成匹的。现在如果把这匹绸布剪断，以前的劳动就会白费。你在外求学也需要日积月累，如果学了一半就回来，这不是与剪断丝绸一样，会前功尽弃吗？"你看，乐羊子妻是不是跟孟母一样，都借织布机来讲道理？

你为什么要剪布

乐羊子听了妻子的这番话，也跟当年的孟子一样很受震动。

第二天，他就再一次辞别妻子，继续外出求学，七年之后，终于学成归来。

后来，人们根据乐羊子的故事，用"半途而废"来比喻某些人做事有始无终，不能坚持到底。

头脑风暴

小朋友，故事讲完了，我们来做个头脑风暴吧——你知道几个表示没有坚持到底的成语?

迄今为止，关于不能坚持的成语，我们一共学了三个：九仞一篑、一曝十寒、半途而废。它们是近义词，但是又不完全一样。

九仞一篑，是指坚持到最后就差一点点放弃了；一曝十寒是说坚持得很少，荒废得很多；半途而废，就是只坚持到一半。

事半功倍

怎么做，才是高效率?

成语 事半功倍

含义 只用一半的力气，而收到加倍的功效。形容用力小而收效大。

智慧热身

有这么一对成语，说出来像绕口令似的，它们是"事半功倍"和"事倍功半"，请你跟着复述一遍，看有没有把舌头绕晕。它们俩分别是什么意思呢?

事半功倍，指做事只用一半的力气就收到加倍的功效，而事倍功半则是用加倍的力气却只收到一半的功效。看来啊，这"半"和"倍"的位置一颠倒，意思可完全不一样了。

担心你记得不牢?听个故事加深印象吧。

成语故事

"事半功倍"出自《孟子·公孙丑上》。公孙丑是孟子的一个学生。《孟子》这本书中有一章叫《公孙丑》，分为上下两部分。这一章，主要是孟子与公孙丑的对话。

讲"一曝十寒"的时候我们说过，孟子曾经寄希望于齐宣王，想在齐国实现自己的仁政理想，然而无论孟子怎么建议，齐宣王也无动于衷，孟子最终离开了齐国。

后来有一次，孟子与学生们谈论统一天下的问题，学生公孙丑问："老师，假如您被齐国重用了，您可以建立像管仲和晏子那样的功业吗？"

孟子听了，笑了笑说："你真是标准的齐国人，只知道管仲、晏子。"

孟子这句话，意思是说，天下并非只有管晏二人才能创建了不起的功业，高明人物还多得很。管仲是齐国宰相，他在齐国实行了一系列改革，帮助齐桓公成为春秋时代第一位霸主。晏子是齐国的上大夫，他头脑机敏，能言善辩，曾用智慧为齐国扬了国威，还记得在"二桃杀三士"中晏子的政治权谋吧。管仲和晏子确实很厉害，但他们辅佐君主称霸扬名不是孟子想要的，孟子的理想是用仁政得民心，实现真正意义上的统一天下。

孟子接着说："你知不知道过去有人问曾西'你和管仲哪一

个更贤能？'曾西很不高兴地说，你怎么把我去和管仲比呢？管仲遇到的是一代明主齐桓公，齐桓公把齐国大小事情都完全交给管仲，任由他处置。管仲执政那么久，权力那么大，功业却算不上大。"

孟子停顿了一下说："曾西不屑于做管仲，你觉得我屑于做吗？"曾西是曾子的后人，曾子是孔子的弟子之一，也是儒家学派的重要代表人物。同为儒家学派的孟子，自然跟曾西一样不愿意效法管仲了。

公孙丑不解地问："管仲辅佐齐桓公称霸，晏子帮他的国君在诸侯中扬名，这样的人还不值得做？"

孟子听后又笑了："不值得。因为以齐国目前的实力，统一天下易如反掌，这可比管晏那样的事业更大。"

公孙丑说："我更糊涂了，周文王那么伟大，活了一百岁也没能统一天下。后来是周武王、周公继续了他的事业，才彻底统一。现在您说统一天下很容易，难道我们比周文王还高明？"

孟子说："我们当然不能和文王比，文王当初遇到的情况，和我们现在大不一样。当年周文王以方圆仅一百里的小国为基础，施行仁政，所以排除万难才创立了丰功伟业。而如今齐国已经是一个地广人多的大国，不需要开拓疆土，也不需要发展生产增加人口，与当时文王所经历的许多困难相比，容易得多了。而且现在老百姓都苦于战乱，正需要一个圣明的君主。齐国有句俗语'虽有智慧，不如乘势；虽有基，不如待时'，可见时机很重要。此时统一天下，顺应百姓需要，正是时候。"

　　孟子最后说："如今像齐国这样的大国，如能把握时机，施行仁政，天下百姓必定欢欣鼓舞。要统一天下，需付出的努力不及文王时的一半，收到的功业却是加倍的，可谓事半功倍啊！"

　　后来，人们便把孟子所说的这两句话引申为"事半功倍"，用来形容做事所花力量较小而收到的效果很大。

我统一天下了

仁政

头脑风暴

　　小朋友，故事讲完了，我们来做个头脑风暴吧——怎么做，才是高效率？

　　听完了故事，你对事半功倍的意思完全了解了吗？如果做事

都能事半功倍，那效率可真高啊。怎么能做到这样呢？孟子说把握时机很重要，如果齐王重用了孟子来行仁政，就能事半功倍地统一天下。除了时机，你认为还有什么因素可以帮助我们实现事半功倍呢？

另外，通过孟子的两个小故事，我们还知道了孟子的民本思想和仁政学说，这些可都成了日后历代帝王治国平天下的指导，比如汉代开国皇帝刘邦早在约法三章时就注意到得民心的重要性了。

如果你感兴趣，可以趁热打铁查阅相关的资料，这样能收到事半功倍的效果呢。

成语游戏

"半"和"全"

"半"字最初的意思是把一头牛从中间分开，在现代汉语中，它的意思是整体的二分之一，即把一个整体平均分成两份，其中的一份就是一半。

有"半"在，往往意味着事情不完整，比如一知半解，半生不熟，一鳞半爪，这些成语总是不太讨人喜爱。相反，"半"的反义词"全"，却有个好口碑，比如全力以赴、全心全意、智勇双全，这些成语呀，都是褒义词。

聪明的小朋友，你能说出多少个带"半"的成语，多少个带"全"的成语，请你把下面空白处补充完整，千万别"半途而废"哟。

（ 　　 ）（ 　　 ）全胜

半斤（ 　　 ）（ 　　 ）

两全（ 　　 ）（ 　　 ）

半死（ 　　 ）（ 　　 ）

（　　）（　　）俱全

（　　）（　　）半职

十全（　　）（　　）

（　　）（　　）半语

全神（　　）（　　）

半信（　　）（　　）

（　　）（　　）双全

（　　）（　　）半吐

数字百的成语

百步穿杨

百步有多远?

成语 百步穿杨

含义 形容箭法或枪法十分高明。

智慧热身

我们曾经讲过南北朝的长孙晟一箭双雕的故事，你还记得吗？在比南北朝早八九百年的战国时代，也有一位神射手，他就是百步穿杨的养由基。

百步穿杨是什么意思？在百步之外射中杨树叶？其实，这杨啊，不是杨树，而是柳树，古人把柳树叫杨柳树，所以这里的杨是指柳树叶。

百步之外射中柳树叶，那不是更神了？因为柳树叶比杨树叶细长，更不容易射中。

不过，面对有如此神技的射手，竟然有人说他仍然需要进步？真的吗？他哪里需要进步？我们到故事里瞧一瞧。

成语故事

战国时，楚国襄阳郡有个著名的射箭手，名叫养由基。养由基年轻时就勇力过人，练成了一手好箭法。不过，楚国当时还有一个名叫潘虎的勇士，是个彪形大汉，力大无比，也擅长射箭。

为什么射箭都要强调力气呢？因为弓拉得满，箭才射得远，也射得准。据说养由基双手可以拉开千斤重的弓，光是力气就甩普通人几条街。

潘虎听说养由基射箭可以百发百中，心中很不服气，就给养由基下了一封战书，想一较高下。养由基看罢，毫无惧色，爽快地答应了。

两个人约好在一个空旷的靶场比试箭法，靶子设在五十步之外，中间有一个显眼的红色靶心，每个人射三箭，看谁射得准。附近的老百姓听说后，都赶来围观。

首先上场的是潘虎，只见他拉开强弓，"嗖"的一箭正中靶心，之后又是"嗖嗖"两声，三箭全中，围观的人一片喝彩。潘虎脸上浮现出得意扬扬的表情，好像在说"看你怎么比得过我"。

养由基站在一旁，丝毫没有紧张的样子，微微一笑说："射五十步外的红心，目标太近、太大了，还是射百步外的柳叶吧。"

潘虎听了，觉得养由基是在说大话，再不就是养由基心里怕了，想趁机溜走？疑惑的潘虎跟随养由基来到了一个风景秀丽的河岸边，围观群众也都跟了过去。

养由基指着一棵柳树，叫人在树上选一片叶子，涂上红色作为靶子，然后走到百步之外。潘虎看了，心中打起了小算盘："这也太难了，柳叶这么一小片，还要在百步外射中，简直是天方夜谭，不如先让养由基射，如果他射不中，我也不用出丑了。"

养由基仿佛看穿了潘虎的心思，他说："刚才是你先射的，这次轮到我先来吧。"

周围陆续来了更多看热闹的人，有人看笑话似的议论纷纷。养由基全然不理会四周的情况，搭上弓箭，伸开双臂，聚精会神地瞄准前方的柳叶，只听"嗖"的一声，箭狠狠地扎在了柳树上。

潘虎走过去，花了很大力气才把箭拔出来，箭头上果然插着一片被射穿的柳叶。潘虎内心惊叹不已，周围的人也都惊呼起来。但是潘虎转念一想：这该不是碰运气吧？于是，他另选了三片柳叶，在上面用颜色编上号，请养由基按编号次序再射。

养由基向前走几步，看清了编号，然后退到百步之外，拉开弓，"嗖""嗖""嗖"三箭，分别射中三片编号的柳叶。潘虎顿时大声惊呼："真是好箭法啊！在下甘拜下风！"在场的人先是愣住了几秒，之后无不拍手称赞。

在一片赞扬声中，有个声音冷冷地说："嗯，有了百步穿杨

的本领，也倒值得我教一教了。"

养由基听了心想：此人好大的口气。于是，他转过身去看向那个人："请问您准备怎样教我射箭？"

那人平静地说："我并不教你怎样拉弓射箭，而是要提醒你保持住好箭法的名声。"

养由基很感兴趣地问："怎么保持？"

那人接着说："你这样接连射箭，一旦力气用尽，只要一箭不中，你那百发百中的名声就名不符实了。一个真正善于射箭的人，应当善用体力！"

养由基听后，觉得很有道理，自己仗着一身勇力，竟然从没想过这个问题。于是，他再三向那个人道谢。

看我的神射手

头脑风暴

小朋友，故事讲完了，我们来做个头脑风暴吧——百步穿杨，百步到底有多远？

原来这古人所说的一步，并不是现在我们所指的抬一条腿走一步，而是左右腿分别往前一步，这样才叫一步。所以百步其实是我们现在的两步。按照现代人一步大约 80 厘米来计算的话，百步大概就是 160 米。你觉得在这个距离实现百步穿杨，厉不厉害呀？

成语游戏

百发百中

中国古代有一首长篇叙事诗叫《木兰辞》，里面有一句"将军百战死，壮士十年归"，意思是将士们出生入死于很多场战斗。这里的"百"并不是个确数，而是个虚数，表示很多。类似的，还有成语"百发百中"，形容射箭打枪准确，弹无虚发，每次都能准确命中目标。这里的"百"也并不确切指一百次，也是一个虚数，形容多。类似的用法还有数字"三"，比如举一反三，是指从一件事物的情况、道理类推而知道许多事物的情况、道理，这里的"三"也是虚数，是很多的意思。

小朋友，下面的成语，都是以"百"字开头的。你能把它们都准确补全吗？希望你也像养由基一样，百发百中哟。

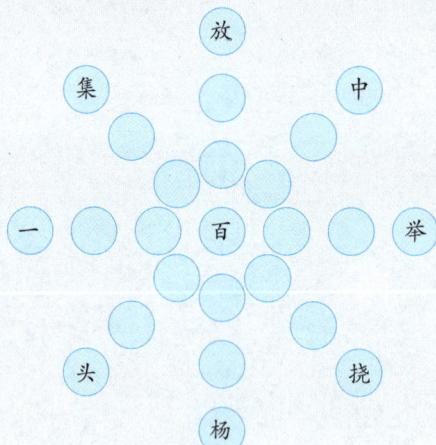

放

集　　　　　中

一　　　百　　　举

头　　　　　挠

杨

数字千的成语

千变万化

古代仿真机器人，是真的吗？

成语 千变万化

含义 形容变化非常多，没有穷尽。

智慧热身

西周初年，有个喜欢旅行的天子周穆王。听到这个熟悉的名字，你一定想起了"一日千里"的故事吧？是的，就是那个周穆王。

他从西王母国回来后，又去过许多地方，见识过很多奇人异景。如果那时候有社交网络，周穆王把他见过的新鲜事发布出来，一定会有很多粉丝等着围观。

下面这个故事就发生在周穆王的旅途中，你来看看好玩不好玩。

成语故事

有一次，周穆王去西方巡视，在返回途中，遇到一个叫偃师的工匠，他自称愿意向穆王献上技艺。

穆王生性好奇，很想看看偃师有什么技艺，就立刻召见了他，问："你有什么本领？"

偃师恭敬又不失自信地回答："大王您想要什么东西，我就能造出什么东西。不过我最近新造了一样东西，大王有兴趣看看吗？"

周穆王更好奇了，忙问："你说的东西随身带了吗？"

偃师摇摇头。

周穆王说："今天不早了，明天你把它带来，我和你一同看。"

第二天一大早，周穆王就召见了偃师。穆王看到跟偃师同来的还有一个人，就问："你身边那是什么人？"

偃师回答："这就是我说的那样东西，我制造的歌舞艺人。"

穆王听说是个假人，很是吃惊，因为刚才竟然没看出来。穆王细细看去，只见那歌舞艺人疾走缓行，俯仰自如，完全像个真人一样，真是神奇啊！它一低头就开始歌唱，歌声切合旋律，它一抬手就开始跳舞，舞步符合节拍，其动作千变万化，随心所欲。

穆王一时间看呆了，许久才回过神来，连忙叫上自己宠爱的几个妃嫔一道观看表演。

那歌舞艺人且歌且舞，更加卖力地表演，时不时做做鬼脸，逗得穆王哈哈大笑，妃嫔们忍俊不禁，偃师在一旁也很得意。快要演完的时候，歌舞艺人冲穆王身边的妃嫔眨着眼睛，似有挑逗冒犯之意。穆王见状大怒，因为这一场可以乱真的表演下来，穆王竟然不知不觉地把歌舞艺人当作了有感情的真人。盛怒之下的穆王下令要杀死偃师和他的歌舞艺人。偃师吓得几乎魂飞魄散，慌忙跪倒在地，颤抖着双手把歌舞艺人拆散，展示给穆王看。

原来那歌舞艺人整个儿都是用皮革、木头、树脂、漆和一些颜料拼凑而成的。好奇心驱使下，穆王仔细地检视了一番，只见那艺人身体里面有着肝、胆、心、肺、脾、肾、肠、胃等内脏，也有筋骨、关节、皮毛、牙齿、头发等。虽然都是假物，但一应

俱全。

偃师把这些东西重新凑拢以后，歌舞艺人就恢复原状，又可以唱唱跳跳。穆王试着拿掉它的心脏，其嘴巴就不能说话；拿掉肝脏，其眼睛就不能看东西；拿掉肾脏，其双脚就不能行走。

几经试验，穆王的关注点都在歌舞艺人上，怒气早消失了，转而高兴地赞叹道："人的技艺竟然可以精湛至此，像天造地设的一般！"他随即下令，带上偃师和歌舞艺人一同回国。

这就是"千变万化"的故事了，后人把"千变万化"用作成语，意思是有非常多的变化。

头脑风暴

小朋友，故事讲完了，我们来做个头脑风暴吧——古代仿真机器人，是真的吗？

我认识一位小朋友，每次听完一个故事都问，那是真的么？借用他的话，我来问问你，你认为"千变万化"这个仿真机器人的故事是真的么？

事实上，直到近些年，人类才发明了仿真机器人。不过，也许古代确实有人造出了这种能唱会跳的歌舞机器人，后来这项技艺失传了也未可知。我们可以肯定的是，这个记录机器人故事的人很有智慧，因为他知道想要造个仿真机器人，需要模拟人体的构造，向大自然学习。

千金买骨

如此重金，到底买了什么？

成语 千金买骨

含义 用重金去买良马的骨头。比喻重视人才，渴望得到人才。

智慧热身

我们曾经讲过一个故事，说齐宣王不听孟子的劝告，趁乱伐燕，还在燕国烧杀抢掠，激起了民愤。燕国那时到底发生了什么事，导致齐国乘虚而入呢？你已经知道后来燕人造反，齐国在多重压力下退兵，燕国得以复国，那再后来燕国怎么样了？这些来龙去脉，在接下来的故事里会陆续浮现。

成语故事

公元前 314 年，燕国发生了内乱。为什么呢？起因是，燕王哙在四年前做了一件惊世骇俗的大事，把王位禅让给了相国子之。

禅让是上古时期君主更迭的一种方式，相传尧将王位禅让给德才兼备的舜，舜又把王位禅让给治水有功的禹。按说这是选举贤能的好事，但问题是从禹的儿子起，就开始君主世袭了，即王位由君主的后代继承，国家都是君王一家的。

所以很显然，燕王哙的禅让举动引起了燕国太子及其势力的不满，于是，太子联合一些旧贵族起兵攻打子之。子之也有一定的势力，双方交战，太子兵败被杀，燕国就内乱了。

正当此时，齐国打着平乱的旗号攻打燕国，侵占了燕国的部分领土。燕王哙和子之也都被杀。燕国到了几乎灭国的地步。

齐国的入侵，逼得燕国人民奋起反抗。赵国和秦国等国也不想齐国独吞燕国，随即派兵帮助燕国。齐国只好灰溜溜地撤兵。燕王哙的儿子公子职被拥立为燕昭王，燕国就复国了。

燕昭王即位后，励精图治，消除了内乱，他还下决心要振兴燕国，收复被侵占的领土。怎么振兴呢？燕昭王首先想到，要招纳天下有才能的人来帮助他，可是又不知从何做起。这时，一个叫郭隗的人给燕昭王讲了个故事：

从前有一位国君，很想要一匹千里马，愿意用千金来买。可

是三年过去了，千里马也没有买到。国君手下有一位不出名的人，自告奋勇请求去买千里马。国君其实不想把买千里马这件重要的事交给一个无名小辈做，但是毕竟三年了，买马的事毫无进展，不如试一试。于是这个人欣然领命，他用了三个月的时间多方探求，好不容易打听到某处人家有一匹千里马。可是，等他日夜兼程赶到这一家时，不巧马死了。他仔细想了想，心里打定了主意，就用五百金买了马的骨头，回去献给了国君。

国君看了非常生气："我肯出千金，是要买千里活马，不是买一堆没用的马骨头！"

我要活的千里马
不是马骨头

过些日子，一定
会有人争相给您送马来

买马骨的人却说："大王且息怒，我这样做，是为了让天下人都知道，大王您连千里马的骨头都愿意出高价，是真心实意想

买千里马。这样一来，人们都知道了您的诚心，过些日子，一定会有人争相给您送马来。"

此后不久，果然有人送来了上好的千里马，国君终于如愿以偿。

郭隗讲完了故事，又对燕昭王说："大王要想招贤纳士，也要像买千里马的国君那样，让天下人知道您真心求贤。您可以试试先从任用我开始，如果人们看到像我这样的人都能得到重用，那些比我更有才能的人就会来投奔您。"

燕昭王认为十分有道理，就拜郭隗为师，给他优厚的待遇。燕昭王还听从郭隗的建议，修筑了"黄金台"，作为招纳天下人才的地方。

就这样，燕昭王爱贤敬贤的名声不胫而走，风传天下，各国才士争先恐后地奔赴燕国，都表示愿意帮助燕昭王治理国家。

燕昭王在贤才的辅佐下，整顿内政，训练兵马，兢兢业业地奋斗了二十多年，终于打败了齐国，夺回了被占领的土地，成为战国七雄之一。

头脑风暴

小朋友，故事讲完了，我们来做个头脑风暴吧——花费千金，到底买了什么？

只是一堆马骨吗？因为这不是一笔寻常的买卖，一定会有人当奇闻口耳相传，所以相当于同时买了个新闻头版。如果那时候

有报纸，一定会大标题登出：国君痴爱千里马，以至于千金买骨！尽管战国时还没有报纸，但新闻就是新闻，一传十十传百，相当一部分人会听说这个消息，真切地感受到国君对千里马的渴求，目标卖家迟早也在其中。

　　千金买骨真是聪明啊。

千里之堤，毁于蚁穴

小蚂蚁有大威力？

成语 千里之堤，毁于蚁穴

含义 千里长的大堤，往往因蚁洞而崩溃。比喻微小的隐患
将酿成大祸。

智慧热身

古老文明的起源，总是离不开一条大河，比如我们华夏文明
就发源于黄河流域。大河为人类的繁衍提供了许多便利条件，比
如丰富的水源、肥沃的土地、便捷的水运交通。

但是有利就有弊，大河如果发脾气泛起洪水来，谁也吃不消。
因此，人们想出了很多治水办法，在河流两旁建筑堤坝就是其中
一种，可以防止河水外溢，保护内陆。

可你知道吗？一条坚固的堤坝可以挡住滔天洪水，却难敌一
种小小的生物。是什么生物呢？听完故事你就知道了。

成语故事

古时候，黄河岸边有一片村庄，那里的人们世代以耕种为生。

他们取河水灌溉农田，庄稼长得茁壮喜人。与此同时，他们也饱受水灾之苦。在水患严重的年月，秋收时节颗粒无收，大量农田成为废田，人们只得忍饥挨饿，更悲惨的是，洪水淹没村庄人家，导致很多人流离失所。

为了防治水患，人们沿着河岸筑起了一道巍峨的长堤。虽然这道长堤耗费了不少人力、物力和财力，但是保障了耕种和生活。长堤建成的那一天，所有人都喜气洋洋，敲锣打鼓来庆贺，今后再不怕水灾了！

果然，第二年，黄河水没有泛滥，长堤很好地发挥了作用。大家都高兴地称赞这堤坝修得值。人们十分爱护长堤，约定各家各户轮流查看，以便及时发现需要修补的地方。

一天，有个老农像往常一样去检视长堤，偶然发现蚂蚁窝好像猛增了许多。

老农心想：这些蚂蚁窝会不会影响长堤的安全呢？他蹲下仔细看了看，从蚁窝进进出出的蚂蚁那么小，与千里长堤相比，实在微不足道。如果告诉大家，会不会显得小题大做呢？

老农思前想后拿不定主意。这时迎面走来了他的儿子，老农就把自己的担心跟儿子说了。老农儿子听了不以为然地说："您

净瞎操心！这么坚固的长堤，还怕那几只小蚂蚁不成？"说着，他儿子就拉着他一起下地干活了。

谁料当天晚上天气突变，暴雨如注，黄河里的水猛涨起来。咆哮的河水暴虐地拍打着两岸，从数不清的蚂蚁窝里渗透出来，继而喷射开去，导致长堤决口无数，最终轰然而溃。洪水肆无忌惮地涌向村庄，睡梦中的人们惊醒，四散而逃，呼声喊声一片。所幸这次暴雨只下了一天就停了，没有人伤亡，但是很多房屋还是被淹了。

此时，那个发现蚂蚁窝的老农和他的儿子，正望着泡在泥水中的自家房屋唉声叹气，悔不当初。谁知道，那小小蚂蚁竟然真的可以毁掉千里长堤啊！

这就是"千里之堤，毁于蚁穴"的故事，人们用这个成语来形容微小的隐患不重视，会造成大乱子，提醒人们任何对细节的忽视，都可能带来难以想象的后果。

这个故事记录在《韩非子》一书中，作者韩非子是春秋战国百家争鸣时期法家学派的代表人物。法家思想后来成为秦国的指

导思想，帮助秦始皇富国强兵，统一六国，对后世影响深远。

头脑风暴

小朋友，故事讲完了，我们来做个头脑风暴吧——小蚂蚁真的会有那么大破坏力吗？

据后人推测，故事里的蚂蚁有可能是白蚁。白蚁是一种非常古老的昆虫，在世界上分布极为广泛。白蚁对人类建筑物的危害性极为严重，几十万只白蚁在两个月内就可以"吃掉"一座房子，连金属螺丝钉都可以消化掉，这是因为它们分泌出的蚁酸物质，可以腐蚀金属。不过，白蚁对人类也有益处，它们是生物链的分解者，可以分解腐木，使纤维素变成养料回归土壤，是生态循环中的重要环节。

白蚁高度分工、组织严密。蚁王、蚁后专司繁殖后代，兵蚁负责安全保卫、监督工蚁，数量最多的工蚁从事筑巢、觅食等基本劳动。

蚁王、蚁后居住的主巢，大约有1到几立方米，主巢通过蚁道与周围的百余个副巢相连，主蚁道内径6至12厘米。如果白蚁把巢穴筑在堤坝内，虽然从外表看堤坝依然完好无损，实际上内部的蚁巢星罗棋布、四通八达，甚至贯通堤坝内外，已经掏空了大堤。当汛期来临，水位猛涨，洪水从蚁窝、蚁道渗透出来，堤坝确实可能顷刻崩塌。

成语游戏

"十个一百" 和 "很多很多"

中国古代有一部经典的蒙学读物，叫作《千字文》。什么叫蒙学读物？就是专门给小小孩进行启蒙教育的读物。《千字文》由一千个汉字组成，是对仗工整的四字句的韵文，读起来朗朗上口，富有趣味，孩子特别容易记诵。除了《千字文》，《三字经》《百家姓》《幼学琼林》也是中国古代经典的蒙学读物。

《千字文》中有不多不少一千个字，所以叫《千字文》。作为数词，"千"表示十个一百，也引申为很多很多。小朋友，请你先将下面的古诗句补充完整，然后说一说哪些"千"字是表示很多很多。

但愿人长久，_____。

天生我材必有用，_____。

_____，总把新桃换旧符。

三十功名尘与土，_____。

忽如一夜春风来，_____。

等闲识得东风面，_____。

_____，疑是银河落九天。

_____，缘愁似个长。

数字万的成语

万乘之国

大国何以为大？

成语 万乘之国

含义 原指周朝，后泛指大国。

智慧热身

当今世界，人们用"综合实力"来衡量一个国家的强弱程度。综合实力具体包括什么，国际上还有一定的分歧，但是有一项是大家一致认可的，那就是军事实力。身为大国，具备维护自身安全和抵御其他国家的能力，这是必须的嘛。

　　早在春秋战国时代，古人就提出了"大国"的概念，他们也用军事实力来评价各国强弱。只不过那时候，军事实力的象征，并非是否拥有核武器，而是拥有多少量战车。

成语故事

　　西周和春秋时代，战争频繁。当时的作战方式主要是车战，就是用马拉着木头战车打仗。军队也以车兵为主，基本编制称为"乘"，即以战车为中心配一定数量的甲士和步卒，后面跟着后勤车辆与徒役编组。

　　这是什么意思？让我们把以上对"乘"的解释拆分，先来看看处在中心的战车是什么样的。

　　一般来说，每辆战车配四匹马，叫"驷"。中间的两匹马叫"服"，左右两匹马叫"骖"。在《二桃杀三士》中，古冶子说自己当年徒手捉鳖，起因就是国君坐着马车渡河时，左骖被一只大鳖咬住拖下水去。

　　我们再来看看战车周围的车兵是如何配置的。

　　每辆战车配有三位甲士，他们呈"品"字形站在车上。有一位甲士站在前排中间，负责驾车；另一位甲士在后排左边，手持弓箭，负责远距离射杀，叫"车左"；还有一位甲士在后排右边，手持戈矛，负责近距离击刺，叫"车右"；其中车左是一车之长。每辆战车除了战车上立乘的三位甲士，还有一些甲士和步卒在战

车周围，协同作战。

最后，还配有相应的后勤车辆和徒役，就是帮助军队拉生活用品的车和人员。

那么"一乘"总共有多少车辆和车兵呢？各种记载说法不一。比如《孙子兵法》上说，每辆战车上的甲士和步卒加起来一共有七十五人，每一辆战车配备一辆后勤车，后勤人员是二十五人，这样说来，一乘就是两辆车和一百个兵。再比如《诗经》上说，一辆战车配三十个士兵。更有甚者，说一辆战车要配三辆后勤车。于是有人根据各种史料总结说，可能在春秋早期兵力比较少，但是到了春秋晚期，经济发展，人口数量增加，诸侯间的战争越来越激烈，军队的规模也越来越大，就达到了百人。到了战国时期，随着战场的范围扩大，战车渐渐失去用武之地，军队编制上就不再以战车为中心，而是以步兵为主，只在必要时配备战车了。

由于西周春秋时代以车战为主，所以车乘的数量，常常被用来衡量兵力的大小强弱。

在西周时期，天子辖六军，大国三军，中国两军，小国一军。

《诗经》称周天子"其车三千"，即指军队有三千乘。由于当时人口数量、生产力水平等因素，拥有"万乘"不太容易，所以"万乘"是当时军事实力相当强大的标志。史书通常称周朝为"万乘之国"，诸侯为"千乘之国"。

不过到了春秋时期，周王室衰落，兵力大减，而有些诸侯国军事实力却越来越强，兵力跟繁盛的周王朝时期一样都是几千乘了。到了战国时期，一些诸侯国兵力可达万乘。比如《战国策》称，战国七雄都是万乘之国。

除"万乘""千乘"外，还有"百乘"，这是因为春秋时诸侯国的卿大夫有封地，也有自己的军队，拥有百乘的兵力，被叫作"百乘之家"。比如《孟子》上说"万乘之国弑其君者，必千乘之家；千乘之国弑其君者，必百乘之家。""万乘""千乘""百乘"不但代表军事力量的大小，同时也象征了与其对应的统治者权力、地位的高低。

虽然后来人们渐渐不再以车乘数量，而改以士兵数量来衡量国家兵力了，但是"万乘"被沿用下来，比如用"万乘之尊"来指称封建帝王的至高无上，用"万乘之国"来泛指大国。

头脑风暴

小朋友，故事讲完了，我们来做个头脑风暴吧——大国何以为大？

一个大国拥有强大的军事实力是必要的，但是只要军事强大，就代表那是一个大国吗？当然不是。如果一个国家倚仗强大的军事力量，欺凌其他弱小的国家，那么此国在道义上已经与大国背道而驰，实际上渺小不堪。你心目中的大国是什么样？可以说说吗？

万无一失

韩信是怎么"错失良机"的?

成语 万无一失

含义 指绝对不会出差错。

智慧热身

你还记得那个用兵如神的韩信吗?

当年他在很短的时间内,先后攻下了魏国、代国、燕国、赵国、齐国,战功赫赫,实现了自己"士"的理想,当真无愧于"国士无双"的美誉。

功成名就的韩信,后来怎么样了呢? 今天我们就要讲讲后面发生的故事。

成语故事

公元前 203 年，韩信率军灭了齐国。此时的韩信已经是战功卓著，自己也有些骄傲，就以齐地民心不稳为由，请求刘邦封他做个代理齐王。

刘邦当时正与项羽的楚军相持不下，乍一听到这个消息，非常生气，认为韩信光想着谋私利。在谋士张良和陈平的提醒下，刘邦明白了韩信的地位今非昔比，做个诸侯王是理所应当的，于是直接封韩信做了齐王。

项羽那边自知形势不妙，就派人游说韩信叛汉。韩信说："想当年，我在项羽手下不过是个小官，而汉王刘邦封我为大将军，对我有知遇之恩，我岂能轻易背叛？"于是断然拒绝。

韩信有个谋士叫蒯通，他认为韩信应该把握时机，脱离汉王自立为王。他替韩信分析了天下形势，并说："现在您是个举足轻重的人物，楚汉两军，您要帮助谁，谁就会得胜。您想想，跟随汉王，最多也就是个受制于天子的诸侯，以您目前的实力，如果自立为君王，则可以与楚汉三分天下。"

但是韩信说："汉王待我情同手足，士为知己者死，绝不可以见利忘义。"

蒯通继续劝说："可是您现在功盖天下，跟以前不同了，汉王会怎么想？我听说功高震主的人处境很危险，您不要以为汉王

还会像当初一样啊。"韩信听后有些犹豫，他谢过蒯通后，说他会考虑考虑。

几天以后，蒯通又进言："犹豫不决最难成事，机不可失，时不再来，现在趁着您手握兵权，立刻行动可保万无一失啊！"韩信犹豫再三，仍不忍心背叛刘邦，并说自己是功臣，"汉王不会负我"。蒯通料定韩信日后必为刘邦所害，为免于难，就假装疯疯癫癫地离开了。

一年后，韩信在垓下设下十面埋伏，大败项羽。兵败后的项羽自刎乌江，这样一来，刘邦就得到了天下。

此后，果然像蒯通说的，刘邦很害怕韩信造反，趁机夺了他的兵权，改封他为楚王，以便就近控制。不久，有人上书告发韩信谋反，刘邦便又设了个圈套把他抓起来，并贬为淮阴侯，留居京城，不让他到外地任职，这样他就不容易造反了。可即使这样，刘邦一想起韩信的战功和威望，还是时有忌惮。这一切，皇后吕

后和丞相萧何都看在眼里。

又过了几年，大将陈豨造反，刘邦率兵前去平乱。吕后趁刘邦不在，与萧何密谋，利用韩信对萧何的信任骗来韩信，并以谋反的罪名处死了他。在战场上所向披靡的韩信，最终含恨而死。他临死时说："真后悔当初不听蒯通之言，今日才会被人算计！"

不久，刘邦平乱成功，班师回朝，得知韩信已死，既庆幸威胁消除了，也为此感到惋惜。吕后把韩信死前说的话告诉了刘邦，刘邦下令逮捕了蒯通。

蒯通对自己曾建议韩信反叛刘邦的事直言不讳，但亦有辩词："秦末群雄并起，有能力者就可得天下。当时我追随韩信，自然就会为他出谋献策，不会为别的君主设想。群雄中与您争夺天下的人太多了，岂能杀得完？"刘邦认为蒯通言之有理，就赦免了他。

故事到这里就结束了。当初蒯通反复陈说的那个"万无一失"的时机，韩信终究是错过了。后人用成语"万无一失"来形容极有把握。

头脑风暴

小朋友，故事讲完了，我们来做个头脑风暴吧——韩信是怎么"错失良机"的？

纵观韩信的一生，他的内心有一份对仁义的坚守，那是一种"士为知己者死"的士人精神，但他似乎并没有跟上时势的变化，以

至于坚守变得有一些固守。你喜欢这样的韩信吗？

关于韩信到底有没有谋反这件事，《史记》上是这样记载的：韩信与陈豨有书信往来，吕后接到密报说韩信曾与陈豨共谋造反一事，意欲里应外合。如果当真如此，那韩信也太不善于把握时机了，身为齐王手握兵权时白白让机会溜走，被贬为毫无实权的淮阴侯倒要谋反。

不过假如当初韩信听从了蒯通的建议，自立为王，你觉得会怎么样呢？

成语游戏

千千万万

小朋友，你听过那个古代笑话吗？

财主的儿子跟着老师学写字。写"一"，老师教他画一道横线。写"二"，老师教他画两道横线。写"三"，老师教他画三道横线。才学了三个字，财主的儿子就拍着胸脯，得意扬扬地吹嘘自己学成了——写字多简单呀，不就是画横线吗？于是财主辞掉了老师。

有一次，财主要请一个姓万的朋友来做客，让儿子写个请柬，可等了一上午，还没写好。财主进书房一看，嚯，儿子正挥汗如雨，趴在书桌上奋笔疾书，一道道画横线呢。原来呀，他以为写"万"字，就是要画一万道横线呢！

聪明的小朋友，你们都会写"万"字吧，不会像财主的儿子，犯那样可笑的错误。"千"和"万"都表示很多，请你们用"千"字和"万"字来组组成语吧，它们俩合力，一定会表示更多更多呢。

千（　　）万（　　）

千（　　）万（　　）

千（　　）万（　　）

千（　　）万（　　）

千（　　）万（　　）

千（　　）万（　　）

千（　　）万（　　）

千（　　）万（　　）

千（　　）万（　　）

千（　　）万（　　）

成语游戏答案

【一的成语】答案：一石二鸟、一穷二白、一刀两断、一箭双雕、一言九鼎、一曝十寒、一知半解、一呼百应、一诺千金、一落千丈

【二的成语】答案：国士无双、两袖清风、别无二致、成双成对、三心二意、两肋插刀、三长两短、一语双关、两面三刀、一箭双雕

【三的成语】答案：说三道四、颠三倒四、低三下四、不三不四、丢三落四、朝三暮四、推三阻四、接三连四

【四的成语】答案：1.文房四宝：笔、墨、纸、砚。2.四书：《大学》《中庸》《论语》《孟子》。3.四库全书：经、史、子、集。4.国画四君子：梅、兰、竹、菊。5.战国四君子：齐国孟尝君、赵国平原君、楚国春申君、魏国信陵君。6.初唐四杰：王勃、杨炯、卢照邻、骆宾王。7.贵族四术：诗、书、礼、乐。8.秀才四艺：琴、棋、书、画。9.中国古代四大发明：指南针、火药、造纸、印刷术。10.中国古代四大名著：《三国演义》《水浒传》《西游记》《红楼梦》。11.中国古代四大美人：西施、貂蝉、王昭君、杨玉环。12.明代江南四大才子：唐伯虎、祝枝山、文征明、周义宾。

【五的成语】答案：一石二鸟、二桃三士、三翻四覆、四分五裂、五颜六色

【六的成语】答案：爆竹声中一岁除；二月初惊见草芽；烟花三月下扬州；黄四娘家花满蹊；添得黄鹂四五声；毕竟西湖六月中；七八个星天外；八月秋高风怒号；疑是银河落九天；南朝四百八十寺

【七的成语】答案：一字千金：吕不韦。二桃三士：晏子。韦编三绝：孔子。四面楚歌：项羽。不为五斗米折腰：陶渊明。过五关，斩六将：关羽。七擒七纵：诸葛亮。才高八斗：曹植。九牛一毛：司马迁。一曝十寒：孟子

【八的成语】答案：一夫当关，万夫莫开。二人同心，其利断金。三天打鱼，两天晒网。四体不勤，五谷不分。麻雀虽小，五脏俱全。眼观六路，耳听八方。八公山上，草木皆兵。十年树木，百年树人。百尺竿头，更进一步。千里之堤，溃于蚁穴。百万买宅，千万买邻

【九的成语】答案：表示出身尊贵、家境富裕的：龙血凤髓、名门望族、金枝玉叶、贤身贵体、达官贵人、乌衣子弟。表示出身平凡、生活清贫的：白屋寒门、村野匹夫、瓮牖桑枢、家徒四壁、穷根苦苗、蓬门荜户

【十的成语】答案：一五一十、十拿九稳、五光十色、一曝十寒、以一当十、十有八九、一目十行、三十而立、七老八十、十室九空

【半的成语】答案：大获全胜、半斤八两、两全其美、半死

不活、一应俱全、一官半职、十全十美、一言半语、全神贯注、半信半疑、文武双全、半吞半吐

【百的成语】答案: 百花齐放、百发百中、百废待举、百折不挠、百步穿杨、百尺竿头、百里挑一、百感交集

【千的成语】答案: 千里共婵娟；千金散尽还复来；千门万户瞳瞳日；八千里路云和月；千树万树梨花开；万紫千红总是春；飞流直下三千尺；白发三千丈

【万的成语】答案: 千军万马、千山万水、千变万化、千秋万代、千家万户、千言万语、千丝万缕、千叮万嘱、千门万户、千辛万苦